¿Por qué Osho es capaz de captar
la atención de tanta gente?
¿Por qué sus ideas y enseñanzas tienen
cada día más seguidores?
¿Por qué sigue despertando tanto interés incluso
veinte años después de su muerte?
¿Qué hay realmente detrás del mensaje de este
gran maestro espiritual?

Este libro es una interpretación al pensamiento de
Osho y también, en menor medida, de algunos
maestros espirituales de Oriente que compartieron sus
enseñanzas, maestros como Krishnamurti, Sri Aurobindo
y Ramakrishna. Pensadores cualificados con respecto a su
espiritualidad y apertura mental.

COMPRENDER A
OSHO

ROBIN
BOOK

Jorge Blaschke

COMPRENDER A
OSHO

UN SELLO DE EDICIONES ROBINBOOK
Indústria, 11 (Pol. Ind. Buvisa)
08329 - Teià (Barcelona)
e-mail: info@robinbook.com
www.robinbook.com

© Ediciones Robinbook, s. l., Barcelona

Diseño de interior: Lídia Estany
Compaginación: Pacmer
Diseño de cubierta: Regina Richling

Fotografías de cubierta e interior:© iStockPhoto/Stockxchng

ISBN: 978-84-96746-77-0
Depósito legal: B-5.679-2014

Impreso por Egedsa, Rois de Corella 12-16, 08205 Sabadell (Barcelona)
Impreso en España - *Printed in Spain*

Índice

Introducción

E ste libro es una recopilación del pensamiento de Osho y también, en menor medida, de algunos maestros espirituales de Oriente que compartieron sus enseñanzas, maestros como Krishnamurti, Sri Aurobindo y Ramakrishna. Pensadores cualificados con respecto a su espiritualidad y apertura mental. Todos ellos han dejado una profunda huella en las enseñanzas occidentales que han sido seguidas por otros maestros como Gurdjieff, Maslow, Tart, Goleman, etc.

Cada uno de estos maestros hindúes, especialmente Osho, han utilizado herramientas de trabajo diferentes, generalmente técnicas de meditación, pero en cualquier caso, el objetivo siempre ha sido el mismo: despertar nuestra conciencia.

Las pláticas y los argumentos que utiliza Osho pueden parecer demasiado simples por abordar temas como el de amarnos a nosotros mismos y a los demás, de ser conscientes de nuestra vida cotidiana, vivir el presente y no el pasado o imaginar el futuro como conceptos para estar en el aquí y ahora, conocerse a sí mismo, ser más, etc. Cosas muy comunes pero efectivas. Consejos que aquellos que tenemos inquietudes sobre nosotros mismos ya hemos escuchado, pero que, sin embargo, no tenemos la constancia necesaria para llevar a la práctica.

Si leemos los libros de Osho, y de otros maestros espirituales, si escuchamos sus conferencias, vemos que todo es de suma sencillez, todo es comprensible incluso para el más racionalista de los seres. Se trata de enseñanzas que fueron practicadas por los sabios Rishis —autores de los Upanisad[1], desde los cuales transmitieron sus mensajes en forma de himnos—, que han sido seguidas por

---

[1] Son los tratados más antiguos de la tradición literaria hindú escritos en sánscrito. Su cronología aproximada los sitúa entre los siglos VIII y V antes de nuestra era.

Osho. Cabe destacar que los Rishis no habían inventado el contenido de los himnos, sino que este contenido se había manifestado en visiones que parecían proceder de otro mundo, o tal vez de la conciencia del Universo. A medida que escuchaban estos mensajes, se sentían en contacto con la misteriosa potencia que mantenía unido el mundo. Ese poder era «rita»; un orden sagrado que mantenía unido el Universo y hacía posible la vida, era el orden divino traducido al habla humana. Los Rishis aprendieron a mantenerse en un estado de constante disposición para recibir palabras inspiradas que parecían venir del exterior, pero que se experimentaban en forma de voz interior.

El contenido de los Upanisad que ha inspirado a Osho y a todos los maestros espirituales de la India, nos acerca a la más novedosa disciplina científica que hoy desarrollamos: la física cuántica y su relación con la cosmología. Por otra parte Osho y los maestros espirituales que mencionamos en este libro son herederos de esa enseñanza y han sabido aplicarla a la vida moderna, con sus mensajes sencillos, pero efectivos, sin olvidarse de la disciplina de la meditación en la que Osho se aplicó seriamente.

Estas enseñanzas también pasaron por el Antiguo Egipto, practicadas en sus templos y pirámides por sus sacerdotes e iniciados. Los muros de estos templos y pirámides son testimonio de estas enseñanzas y del mensaje que ha perdurado a través de la tradición hasta Osho, Aurobindo, Krishnamurti y Ramakrishna. Es la tradición la que ha hecho llegar hasta nuestro tiempo estos mensajes que, aunque podrían parecer esotéricos, hoy son pura disciplina en la psicología evolutiva y transpersonal. Pero, ¿Qué entendemos por tradición? Digamos que la tradición es la transmisión de un conjunto de medios consagrados que facilitan la toma de conciencia de principios inmanentes de orden universal. Se trata de un conocimiento interior, una conciencia superior que constituye la razón de ser. También consiste en la transmisión de una influencia espiritual a través de una cadena ininterrumpida de seres iniciados —por ejemplo los maestros espirituales que citamos en este libro— que han conservado las formas íntegras desde sus orígenes, independientemente de todo condicionamiento histórico ordinario. No cabe duda que Osho es uno de los transmisores de esa tradición.

El lector podrá hacer un recorrido por la filosofía de Osho y otros maestros hindúes que se citan en estas páginas, incluso encontrará en un anexo una breve biografía de ellos. Creo que no importa tanto sus vidas, sino el mensaje que nos trasmiten que coincidentemente es muy parecido. También veremos la importancia que tiene la relación del maestro con su discípulo, base vital de la enseñanza primordial que mantuvo Osho. A lo largo de los capítulos del libro vemos que el mensaje es siempre el mismo en todos los maestros, pero eso no implica que no hagamos el esfuerzo de detallarlo, ponerlo al día y ejemplarizarlo. Hablaremos del esfuerzo de ser más, de los peligros del ego, el poder y el éxito, tres aspectos que atenazan nuestra sociedad a vivir un sistema que nos alienta y estimula a permanecer como máquinas. También abordaremos la violencia, algo que han rechazado todos los maestros espirituales hindúes y sus seguidores. Veremos la diferencia que existe entre la forma de ver el mundo en Occidente y en Oriente, y cómo esta diferencia es la causa de muchos de nuestros problemas y malentendidos. Insistiremos en la necesidad de vivir el presente, como insisten estos maestros y como lo siguen haciendo sus seguidores: Eckhart Tolle, Tart, Wilber, etc. También realizaremos un breve recorrido por los orígenes del sexo y la visión de Osho sobre este concepto que los occidentales, por circunstancias religiosas que arrastramos, consideramos pecaminoso.

La meditación debía estar presente entre estas páginas, ya que es una fórmula para despegarnos del sistema que nos condiciona, a la vez que es una manera de buscar en nuestro interior la verdadera realidad. Entre muchos sistemas meditativos hemos ejemplarizado estas páginas con la meditación Zen que aconseja Osho. Pero existen muchas otras, lo importante es iniciarse en este campo de búsqueda interior, armonía y equilibrio.

También hablaremos de la alegría y del concepto de la iluminación. Terminaremos este largo recorrido, acercándonos a la visión de Osho y de otros maestros sobre el tema religioso, es decir, sobre las religiones que imperan en el mundo, destacando la diferencia entre el concepto de religión y filosofía espiritualista.

1.

La saga de los maestros contemporáneos

Un recorrido de profunda sabiduría espiritual

O sho forma parte de toda esa saga de maestros espirituales contemporáneos del continente Indio que han nutrido nuestras mentes de mensajes inequívocos sobre el sentido de la vida, el dominio de nuestra psique y los fundamentos para desarrollar nuestra mente. Una saga que comporta nombres como Ramakrishna, Krishnamurti, Aurobindo y otros muchos que repasaremos brevemente. Los mensajes de estos maestros orientales han servido de base para que otros estudiosos occidentales pudieran hacer llegar sus enseñanzas al mundo materialista de Occidente.

Como veremos al repasar brevemente la filosofía de estos maestros, su mensaje siempre es el mismo: ser consciente de uno mismo, vivir el presente, meditar y buscar en nuestro interior la auténtica verdad. Toda una serie de consejos que ya encontramos en los antiguos textos de la India, los Upanisad.

«Un genio es un hombre que llega a la verdad por un camino inesperado.»

Alfred Bestes

Entre estos maestros espirituales de la India —al margen de Ramakrishna, Krishnamurti, Aurobindo y Osho, que por su importancia mencionaremos al final del capítulo—, cabe citar a Bhajan Yogui, creador de la organización de las tres haches[2]: sanos, felices y santos. El mensaje de Bhajan se basa en que Dios está dentro de uno mismo y que conectar con Él es conseguir la verdadera felicidad. Para hacerlo se necesita un método, y es el «sadhana», la práctica diaria de una serie de ejercicios, meditaciones, mantras y hábitos de alimentación.

Otro de los maestros de la India es Sathya Sai Baba, fundador de la Casa de la Paz, actualmente un famoso y visitado «ashram». Sai Baba tiene más de diez millones de adeptos en todo el mundo, sus milagros hacen que se compare a Jesucristo. Se trata de un fenómeno de masas que enseña lo mismo que otros maestros espirituales pero utilizando, en muchas ocasiones, términos del Nuevo Testamento.

Siguiendo la tradición del aduaita vedanta del hinduismo, encontramos a Ramana Maharshi. Su enseñanza insiste en incitar a sus discípulos a descubrir quienes son, buscar su verdadero yo, algo que él decía que era idéntico al Uno mismo, al *atman*, la pura realidad. Su enseñanza perseguía como objetivo que sus discípulos, en su búsqueda del Sí mismo, se desprendiesen del sufrimiento y la ilusión de un ego personal, ya que para Ramana Maharshi el egoísmo era el peor mal del mundo. Ken Wilber, lo calificó como uno de los maestros espirituales contemporáneos más importantes.

«**El gurú es el yo informe que hay dentro de cada uno de nosotros. Puede aparecer como un cuerpo para guiarnos, pero es solo un disfraz.**»

Ken Wilber

Nisargadatta Maharay fue un seguidor de la tradición vedanta escrita en los Upanisad. Siguiendo el contenido de estos textos milenarios, Nisargadatta in-

---

[2] En ingles: Healthy, Happy, Holy.

siste en la existencia de nuestra ilusión y el *mundo maya*[3]. Para Nisargadatta nuestro mundo está oscurecido por nuestros deseos y nuestro karma. Su mensaje nos advierte que tenemos un conocimiento erróneo y que debemos regresar a lo que somos a través del «ser-conciencia-beatitud». Pero esto no lo alcanzaremos si no realizamos un largo trabajo interior en nosotros mismos.

«El yo es un tirano de nosotros.»

Nisargadatta Maharaj

Swami Muktananda Paramahansa fue un maestro iniciado en el shivaísmo de Cachemira. Desarrolló el yoga en el que la fuerza de la Kundalini se presenta en los individuos, no por su propio esfuerzo, sino por mediación del gurú y su contacto o transmisión de pensamiento. Muktananda insistió en meditar, conocer y honrar el yo interior, ya que para él: «Dios vive en ti como tú».

---

[3] *Mundo maya* es un mundo que no existe, que es pura ilusión, una existencia fenoménica que produce una realidad de apariencias.

Maharshi Ramana es conocido como el Sabio de Arunachala. En su doctrina destaca que el verdadero yo es idéntico a Dios, mientras que las exigencias del ego, o falso yo, deben alcanzar verdades más altas para poder llegar a los estados de iluminación. Ramana destacó que existen dos caminos hacia la iluminación: uno preguntándose «¿Quién soy yo?», para socavar por completo el ego; y en el otro hay que abandonarse a Dios y dejar que Él derribe el ego. Dos formas para desbaratar la ilusión y permitir que resplandezca el Sí mismo.

«El ego tiene toda clase de deseos y ambiciones, quiere estar siempre por encima de todo.»

Osho

Finalmente citaremos a Gopi Krishna que en 1976 publicó su obra cumbre: *Kundalini, el yoga de la energía*. Destacaremos que la Kundalini se presenta como una serpiente que se halla enroscada en la base de la columna vertebral, su energía se libera por la vía natural o mediante técnicas de yoga. Su ascensión hasta el cerebro produce una experiencia de iluminación. Añadiremos que la Kundalini es una energía transformadora cuya labor es llevarnos, a todo nivel, de la fragmentación a la totalidad. En definitiva a una integración total de nuestro ser. El Kundalini es la experiencia meditativa culminante del Hatha Yoga para discípulos avanzados en la meditación, donde se despierta y se hace ascender a través de los chakras el poder divino que yace dormido en todos los seres.

«Cuando logras despertar la Kundalini de forma tal que comience a movilizarse por sí sola, necesariamente das origen a un mundo totalmente diferente al nuestro. Es un mundo de eternidad.»

Carl Jung (Comentarios psicológicos acerca del yoga Kundalini, 1975)

Grandes maestros y profundas sabidurías

Hubo grandes maestros, hombres cuya sabiduría, respeto y concepción del mundo fue muy superior a la de millones de sabios, intelectuales y maestros actuales. Hinduistas con creencias kármicas y lectores de los Upanisad, maestros que muchos estudiosos de las religiones antiguas han comparado a Jesucristo en el cristianismo, a Buda en el budismo, a Lao Tsé en el taoísmo. Su mensaje no difiere mucho del que ya transmitían los maestros que hemos repasado anteriormente, sin embargo, su capacidad pedagógica, su carisma los convirtieron en asignatura obligatoria en todas las universidades del mundo.

Tal vez el más importante de estos maestros, y en este caso es una opinión personal, fue Sri Aurobindo. Con un mensaje moderno en el que se recuperaba el no-dualismo, algo que es muy difícil de comprender en las civilizaciones occidentales en las que siempre ha existido el bien y el mal, lo bello y lo feo. Sin embargo, el dualismo, cuyos orígenes podemos situarlos en Afganistán e Irán de la mano de Zaratustra y sus seguidores, ha sido y es una de las grandes causas de los problemas psicológicos humanos en Occidente, una barrera que nos ha sumido en una sociedad de falsos valores.

Aurobindo y la facultad supramental

A Sri Aurobindo hay que reconocerle el importante esfuerzo que realizó para conciliar racionalismo con misticismo, la ciencia occidental con la sabiduría oriental. Aurobindo fue un evolucionista, un hombre que creía en el poder de la mente como un órgano en pleno desarrollo con unas capacidades infinitas.

Decía Aurobindo que el hombre a través de la facultad «supramental», que se desarrolla a través de la práctica del yoga y la meditación, puede llegar a convertirse en el verdadero superhombre. Pero para ello tiene que practicar la renuncia a todo deseo egoísta. Sobre Dios, Aurobindo destacaba que estaba en el hombre en forma de conciencia cósmica, ya que Dios es a la vez trascendente e inmanente.

Destacaba Aurobindo que «la evolución espiritual obedece la lógica del desarrollo sucesivo; solo puede tener lugar un nuevo paso decisivo cuando los anteriores han sido debidamente conquistados».

Aurobindo, que fue educado en Inglaterra, volvió a la India para liberar a su país de la colonización inglesa, sus actividades políticas le costaron la cárcel, donde según él mismo explica, alcanzó una experiencia suprema de iluminación que lo llevó a transmitir sus conocimientos y formar uno de los *ashram* más importantes de la India.

«Pero la evolución no acaba en la mente, espera librarse en algo mayor, en una conciencia espiritual y supramental. Por tanto no hay razón para poner límites a las posibilidades evolutivas tomando nuestra organización o estatus actual como definitivo.»

Sri Aurobindo

Krishnamurti, el maestro que se rebeló

Posiblemente es mucho más conocido para los occidentales Krishnamurti que Aurobindo, ya que sus enseñanzas se impartieron en Occidente. Krishnamurti es sin duda el maestro rebelde, el maestro que una vez traído a Occidente por un grupo de especuladores de la Sociedad Teosófica, se separa de ella para tener la libertad de transmitir sus enseñanzas sin ningún tipo de coacción ni formar parte de ningún *circo* exhibicionista alrededor de su persona. También porque, entre otras cosas, no se considera un advenimiento proclamado por esta organización, rechazando enérgicamente la imagen mesiánica que se le quiso imponer.

«**Debemos ser libres, no para hacer lo que nos plazca, sino para comprender muy profundamente nuestros propios impulsos e instintos.**»

Krishnamurti

Se puede afirmar que Krishnamurti no tenía conexión con ninguna religión específica, y que sus enseñanzas eran más bien consecuencia de una reflexión filosófica espiritual, mística y humanista. Rechazó toda religión filosófica, secta o política. Afirmaba que no era un gurú, que no tenía ninguna autoridad ni una corte de discípulos junto a él. Krishnamurti insistía en la necesidad del conocimiento propio y la lucha contra los condicionamientos políticos y religiosos. Como Aurobindo, afirmaba que el cerebro humano contenía una energía inimaginable y su poder llegaría ser ilimitado si sabíamos utilizarlo rectamente. Para alcanzar el poder de la mente se tenía que estar libre de deseos de ser algo, libre de temor, en quietud y silencio. Solo entonces es posible esa creatividad que es la realidad misma.

Sin duda una de las herramientas que aconsejaba Krishnamurti era la meditación, una forma de mantener el cerebro callado, sin pensamientos, sin condicionamientos, deseos ni temores. Al carecer de actividad dualista o racional, se produce una nueva cualidad del cerebro, que permite al ser humano mirarlo todo, sin palabra alguna, sin comparar.

Para Krishnamurti el mundo se encuentra en un caos por el hecho de que los seres humanos persiguen valores falsos. Se ha dado importancia a lo terrenal, a la gloria, a lo material y a un sinfín de aspectos que solo engendran conflicto y dolor. El verdadero valor está en el recto pensar, en la búsqueda interior, en la comprensión de toda la estructura del pensamiento.

«La vida no puede existir sin la convivencia; pero la hemos hecho en extremo angustiosa y repugnante por basarla en el amor personal y posesivo.»

Krishnamurti

Krishnamurti era muy conscientes del derroche que hacemos en la vida de nuestras energías internas. Destacaba que desperdiciamos nuestra energía en conflictos, peleas, vanidades y miedo a perder nuestro poder. Para que nuestro cerebro no se deteriore tenemos que huir de los conflictos, la ambición, la lucha, el desaliento. Tenemos una extraordinaria energía cuando no estamos compitiendo con otros, comparándonos, reprimiéndonos.

Ramakrishna, donde el espíritu lo es todo

El tercer maestro que merece nuestra atención es, sin duda, Ramakrishna, un hombre nacido en Kamarpukur (Bengala). A los seis años alcanzó ya su primer estado de éxtasis, un suceso que se repitió posteriormente y que le permitió ver la irrealidad de los seres y las cosas efímeras de este mundo.

Para Ramakrishna el hombre debía cultivarse, conocerse a sí mismo con el fin de deshacerse del ego que constantemente centraliza la atención hacia el yo. Si nos quitamos el ego de encima podemos descubrir que el Infinito y lo Absoluto están, a la vez, en nuestro interior y exterior. El ego es nuestro señor y nosotros somos sus servidores.

Como casi todos los maestros espirituales, Ramakrishna, nos invita a practicar la meditación que considera una concentración perfecta de la mente y, además, necesaria.

«Lo mental, la mente, es como la llama de una lámpara. Cuando sopla el viento del deseo, se agita; cuando no hay viento, es estable.»

Ramakrishna

Para Ramakrishna el espíritu lo es todo; si el espíritu pierde su libertad, nosotros perdemos la nuestra; si el espíritu es libre, nosotros somos libres. También nos advierte de las malas compañías que influyen sobre nuestro espíritu, sobre nuestro pensamiento y nuestras conversaciones. Destaca que si el espíritu está dirigido hacia el interior de nosotros, es como si cerráramos una puerta al exterior.

Finalmente, sobre la religión, destacó que decir que una religión es verdadera es decir que las otras son falsas. Esta era para él una actitud mala, ya que son diversas las vías que llevan al Señor. Todas las religiones son caminos que nos llevan a Dios, pero el camino no es Dios.

Como todos los maestros espirituales, Ramakrishna, sostiene que el mundo es una ilusión, *maya*. Destaca que muchas personas se vanaglorian de su riqueza, de su poder, de su alta posición social. Pero todas esas cosas no las encontrarán después de la muerte.

No cabe duda que las experiencias místicas que Ramakrishna tuvo en su temprana juventud le llevaron a mantener el mensaje de que todas las religiones eran distintos senderos hacia la misma meta, hacia un mismo Absoluto.

Osho: si es verdad lo que he dicho, sobrevivirá

Finalmente cabe destacar a Osho, un maestro espiritual contemporáneo que también se ha rodeado de muchos discípulos que han seguido con interés el contenido de sus libros.

«La mente no es tú; es otro. Tú eres solo un observador.»

Osho

A lo largo de este libro mencionaremos las ideas de Osho, ya que hemos recogido parte de sus enseñanzas igual que la de otros maestros espirituales. Osho ha dejado una importante bibliografía en la que surgen abundantes charlas improvisadas donde contesta a sus discípulos y habla sobre los temas que más preocupan a las personas con inquietudes espirituales o trascendentes. Osho es un maestro que ha trabajado para crear las condiciones para el nacimiento de un nuevo tipo de ser humano, indudablemente más consciente de sí mismo y con un dominio de su ego y conocimiento de su psique. Osho nos aporta una mezcla de sabiduría Oriental y ciencia Occidental. Sus enseñanzas han contribuido a la transformación interior de miles de personas y su influencia persiste tras su muerte con radiante actualidad.

Osho dio charlas sobre todos y cada uno de los aspectos del desarrollo de la conciencia humana. También creó una técnica de meditación que ayuda a liberarse de ataduras y traumas; y más tarde otra técnica meditativa con música y danza como la de los derviches sufíes. Cabe destacar que antes de su muerte, cuando ya estaba muy enfermo, le preguntaron qué pasaría cuando se fuera, a lo que respondió: «Si hay algo de verdad en lo que he dicho, sobrevivirá. La gente interesada en mi trabajo llevará la antorcha, sin imponer nada a nadie... Deseo que no olviden el amor, porque si no es sobre él no se puede fundar Iglesia alguna. La conciencia no es monopolio de nadie, igual la celebración, el regocijo y la mirada inocente de un niño... Conózcanse a sí mismos pues el camino es hacia dentro».

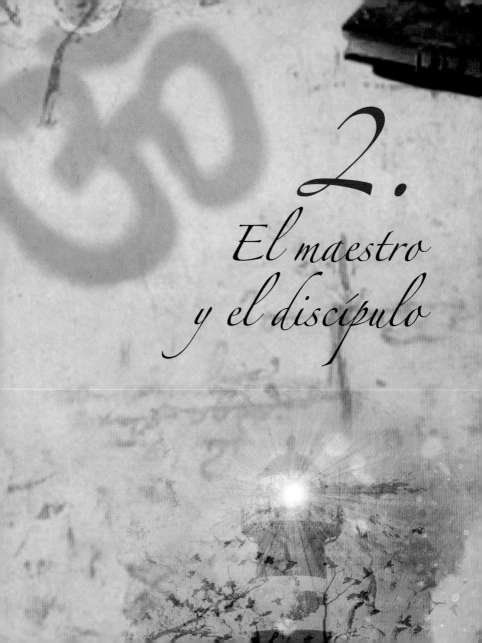

2.
El maestro
y el discípulo

El maestro perfecto

Los maestros espirituales, como Osho, suelen rodearse de discípulos a quienes transmiten sus conocimientos y sus enseñanzas tradicionales. Sin embargo, esta relación de maestro y discípulos no es sencilla, para que sea efectiva y la transmisión de conocimientos sea correcta tienen que producirse ciertos factores.

Existen muchos falsos maestros y también discípulos que no están preparados para la enseñanza que van a recibir. Es inútil golpear el hierro frío para moldear una espada, el hierro tiene que estar caliente para que se pueda configurar lo que se desea.

«Solo la verdad que uno mismo descubre tiene valor.»

G.I.Gurdjieff

Muchos discípulos sedientos de enseñanza han acudido a centros o en busca de maestros espirituales que satisfagan su sed de conocimiento. Algunos no han encontrado al maestro adecuado, otros han caído en las manos de falsos maestros sectarios, y otros no estaban preparados para la enseñanza que pretendían recibir. Dice un dicho sufí que el verdadero maestro no se busca, aparece cuando el discípulo está preparado para recibir los conocimientos que se le van a impartir. Y los sufíes matizan que si alguien ha caído en la trampa de un falso maestro es porque no estaba preparado para distinguir entre lo verdadero y lo falso, y esta lamentable experiencia, la de verse manipulado por un falso maestro, no le perjudicará, sino que le ayudará a distinguir la verdad de la falsedad, convirtiendo su búsqueda en algo aleccionador que le permitirá reconocer al verdadero maestro.

Es evidente que el maestro adecuado aparece en el momento adecuado. El propósito último del maestro es el de ayudar a su discípulo a buscar la verdad dentro del ser y a recibir la iluminación sobre la realidad. Por ello la función del maestro consiste en guiar al buscador por un camino de disciplina hasta llegar a la contemplación absoluta sin contemplar nada.

Algunas personas acuden a maestros espirituales que les han recomendado no con el fin de aprender, sino de distraer sus horas de ocio con algo que les parece interesante pero que nunca van a incluir en sus experiencias cotidianas. Es evidente que el maestro no está para entretener, sino para transmitir conocimiento a quien es apto para recibirlo.

«Tienes que caminar por ese valle solitario. Tienes que caminar a solas. Nadie puede hacerlo por ti. Tienes que caminar tú mismo.»

Lonesome Valley, canto espiritual negro

Si profundizamos más en la relación maestro discípulo veremos que no se trata de estar ahí junto al maestro y escuchar, se trata de algo mucho más profundo. Como explica Moss nuestra relación con el maestro exterior tiene su importancia con el maestro interior, y esta relación se convierte en una cuestión de madurez psicológica.

El maestro exterior es un guía

Cuando somos jóvenes y tenemos poca experiencia en el mundo de la transmisión de enseñanza espiritual, el maestro se convierte en un ser extraordinario, en un dios, en lo mejor que nos hemos encontrado en nuestra vida, en un ser al que incluso le atribuimos poderes psíquicos. Pero si nos apoyamos demasiado en el maestro podemos correr el peligro de una regresión psicológica infantilizada.

«El peligro del maestro es que si uno se arrima demasiado, se quema; si se aleja, no recibe calor.»

Proverbio sufí

Madurar en nuestra atención y experiencia es comprender que el maestro exterior es un guía que está despertando nuestro potencial como seres humanos y abriendo nuestra conciencia. Si no llegamos a esta conclusión y negamos la enseñanza del verdadero maestro exterior, es que debemos reflexionar, y empezar a reconocer que nuestro ego está actuando como soberano espiritual y psicológico.

En todo individuo existe, inicialmente, cierta resistencia a un maestro. Este hecho acaece entre determinados niveles profesionalmente altos, y especialmente entre intelectuales y académicos. Es una resistencia a la idea de un maestro espiritual, algo que no debemos confundir con un líder. Esta resistencia psicológica sucede porque el ser humano es generalmente individualista, no desea que nadie guíe su vida. Creemos que podemos valernos de nosotros mismos y no queremos ser dependientes de nadie. Por otra parte creemos que si uno tiene un maestro no puede evolucionar mucho, ya que el maestro nos puede frenar con las etapas de conocimiento. Por otra parte, cuando ya hemos sufrido malas experiencias de maestros anteriores, nuestro subconsciente nos alerta ante los maestros charlatanes procedentes de sectas que se han convertido en locos y fanáticos. También nos revelamos a la idea de tener que pagar a un maestro. Sobre este último punto, Gurdjieff decía que toda enseñanza que se da gratuitamente no se valora, y que cuando se hace pagar a los discípulos estos valoran más el tiempo que el maestro invierte en ellos. Este es un tema muy discutible, y que ha creado muchas polémicas, ya que Umberto Eco, recomienda que no vayamos a los lugares donde nos hacen pagar, pues la verdadera enseñanza no tiene precio, y el conocimiento espiritual y tradicional no debe entregarse a cambio de dinero.

«No vayan a sitios donde piden dinero. Los sitios auténticos son aquellos donde se recibe sin pedir nada a cambio, ni siquiera que se crea.»

Umberto Eco en *El péndulo de Foucault*

Finalmente entre las resistencias al maestro está la creencia que este puede hacernos cambiar del día a la mañana, y si esto no es posible es que el maestro es un farsante. En realidad el cambio que podemos experimentar no depende del maestro solamente, sino también de nuestra actitud, de nuestra atención, de nuestra búsqueda interior y del desarrollo de nuestra conciencia, especialmente este último factor solo podemos conseguirlo nosotros.

Quiero recordar que el verdadero maestro insistirá siempre en la necesidad de que el discípulo se conozca a sí mismo. Si el discípulo se conoce a sí mismo puede reflexionar sobre las enseñanzas que recibe del maestro, mientras que si no se conoce a sí mismo, se está sometiendo al pensamiento y a las intenciones del maestro u otras personas. Esto último es terriblemente grave cuando el maestro no es verdadero.

«Los charlatanes suelen parecerse mucho a los auténticos maestros espirituales y llegan incluso a creer en la autenticidad de su doctrina. Hay casos también en los que la enseñanza verdadera es impartida por individuos cuyos egos todavía tienen problemas relacionados con el dinero, el sexo y el poder.»

Frances Vaughan

El verdadero maestro no tiene nada que demostrar

El verdadero maestro es aquel que no tiene nada que demostrar, es un ser que ya se ha transformado en algo superior, le es indiferente que crean en él o no, se limita a transmitir sus conocimientos cuando el discípulo está preparado para comprenderlos.

Sepamos que el maestro no es un sustituto de la verdad interna. El maestro tiene la función de «despertar» al discípulo para que él camine por sí solo.

Ante todo el maestro debe ser un ejemplo para sus discípulos. Este es un hecho muy importante que vemos reflejado en maestros como Osho, Krishnamurti, Aurobindo o Ramakrishna. Gurdjieff no fue un ejemplo para sus discípulos, por esta razón muchos de ellos lo abandonaron y criticaron seriamente su enseñanza. Gurdjieff bebía, maltrataba a los discípulos y se aprovechaba de sus discípulas sexualmente. Sus enseñanzas pudieron tener raíces sufíes y budistas de interés, pero él se convirtió en un vividor. Tampoco fue un maestro Aleister Crowley que convirtió sus sociedades secretas «espirituales» en sectas.

«El maestro es aquel que abandona el ceremonial, la exhibición religiosa y las apariencias sociales, y se concentra en el desarrollo real.»

Sheikh Ibrahim Gazur-i-Ilahi

El maestro es, ante todo, un ser que crea un ambiente propicio en su entorno en el momento de transmitir sus enseñanzas, estimulando a sus discípulos y colaborando en su crecimiento. Desde su posición los observa y los comprende, aceptándolos como son, comprendiendo su naturaleza impulsiva y sus mecanismos de defensa. En su enseñanza el maestro se ve obligado a emitir continuos mensajes, ejemplos, aforismos, proverbios, máximas, etc.; estudiando permanentemente a sus discípulos, puede ver qué métodos funcionarán mejor.

Es muy importante que el maestro impulse a los discípulos para que tomen resoluciones que por sí mismos nunca hubieran tomado. Este hecho puede significar cambios en la vida mundana de estos, rupturas a las que deben llegar lentamente y por ellos mismos.

Escuchar es una de las artes del maestro y del discípulo, a veces un maestro es más positivo sabiendo escuchar que explicando. Escuchando sabrá elegir la mejor técnica para cada discípulo, que generalmente no están en posición de elegir cuál es la más apropiada para ellos. Técnicas de enseñanza que son buenas para algunos pueden resultar desastrosas para otros.

Un falso maestro o mal maestro incurre en el error de catalogar a todos sus discípulos por igual. Esto le lleva a considerar los encuentros como simples conferencias o clases informativas. Por lo general, estos falsos maestros que no escuchan a sus discípulos, también están convencidos de que no van a apren-

der nada de ellos — grave error—, ya que incluso de la persona más cretina del mundo podemos aprender algo, como mínimo cuales han sido las circunstancias que le han llevado a ese estado de cretinez.

«Un maestro es alguien que vive libre de la idea o imagen de ser alguien. Es alguien que no te pide nada; que solamente da. Un verdadero maestro no se considera maestro, ni considera que su discípulo es un discípulo. Cuando ninguno de los dos se considera algo, puede haber un encuentro, una unidad. Y en esta unidad se realiza la transmisión.»

Jean Klein

El buen maestro deja que los discípulos hablen y se expresen, incluso de asuntos que salen del contexto. No muestra preferencia por ninguno de ellos ni los pone como ejemplo. Tampoco crea falsas expectativas. No habla continuamente de sí mismo. No hace diferencias entre sexo, edad o raza.

Tópicos de los falsos maestros

Todo buscador de un maestro espiritual puede caer en el error de acercarse a un grupo sectario. A este respecto vamos a dar una serie de consejos para conocer estos grupos tan peligrosos. Se trata de una serie de tópicos que reveló Daniel Goleman, autor de *La inteligencia emocional*. Según Goleman se entiende como secta aquel grupo en el que hay vanidad, búsqueda de poder y protagonismo de sus representantes; donde hay preguntas que no se pueden hacer; existen secretos en círculos internos que están celosamente guardados; hay imitadores del líder del grupo, caminan como él, visten como él, hablan como él, etc. Existe un pensamiento colectivo común en todos y nadie ofrece otras alternativas; hay un elegido; no hay otra vía que no sea la que expone el grupo; existen síntomas de fanatismo, por el líder, el grupo y la vía a seguir; hay un trato común para todos, las enseñanzas están programadas; se exige una prueba de lealtad haciendo algo; la imagen del grupo exteriormente es distinta a la que se practica en el interior; se tiene una visión singular del mundo para explicar todas las cosas y están descalificadas las explicaciones alternativas; no existe el humor, están prohibidas las irreverencias.

Indudablemente si comparamos los tópicos de Goleman con muchas religiones actuales nos dará la impresión de que en su mayoría son sectarias. La diferenciación entre una religión y una secta estará en su compromiso democrático, su capacidad de diálogo y tolerancia con otras creencias y su respeto a las ideas y pensamientos de los seres humanos.

3.

La inteligencia y el esfuerzo de ser más

Intelectualidad e inteligencia

Osho y todos los maestros espirituales defienden la necesidad de desarrollar la inteligencia, pero también todos están en contra de la intelectualidad. Evidentemente existe una diferencia entre ser inteligente y ser un intelectual. Se puede ser un gran intelectual con grandes conocimientos sobre diversas disciplinas, pero carecer de las facultades necesarias para resolver un estricto problema que requiera un gran desarrollo de inteligencia. En muchas ocasiones el intelectual es un simple memorión.

Veamos inicialmente la diferencia entre inteligencia e intelectualidad, especialmente bajo la visión de Osho. La inteligencia es una facultad que se define como la capacidad de adaptación a situaciones nuevas en virtud de la posibilidad de informarse sobre el entorno, de aprender del mismo, así como la capacidad de manejar y relacionar símbolos abstractos. La inteligencia es una comprensión, un conocimiento, un acto de entender, interpretar y resolver con eficacia un problema complejo.

El intelectualismo es una facultad discursiva que se opone al vitalismo, al intuicionismo y a las filosofías de acción. El intelectual posee gran entendimiento sobre el cultivo de las ciencias o de las letras. Sin embargo, carece de la facultad de llegar a razonamientos inteligentes.

«Si te vuelves un intelectual, entonces no serás un científico.»

Osho

Se puede citar como ejemplo al intelectual que se encuentra con un pastor inculto en la montaña, puede que el pastor no conozca a los grandes filósofos, ni a los grandes científicos, pero es lo suficientemente inteligente para resolver un problema de supervivencia que el intelectual sería incapaz de superar. La inteligencia tiene la función de procurarnos salir bien parados de las situaciones difíciles en las que podemos estar. Por tanto es una capacidad innata.

Para muchos maestros espirituales un científico no debe ser un intelectual, sino un ser inteligente que imagine y resuelva problemas usando su intelecto y su intuición. La información por sí misma no es nada si no la sabemos utilizar.

«Por más conocimiento que adquieras, si no lo utilizas podrías ser ignorante. El conocimiento es para beneficiarte de tus creencias, no para disfrutar de las cosas del mundo.»

Saadí Shiraz

Lo que nos hace cretinos

Al utilizar el término «cretinos», no nos referimos a los que padecen la patología definida como cretinismo, sino al termino cretinez que se refiere a un comportamiento no patológico de tontería o estupidez.

Podemos ser o no ser intelectuales y caer en comportamientos que rayan la cretinez. En muchas ocasiones nuestro pensamiento puede ser inteligente, pero puede convertirse en estúpido si el entorno en que uno de mueve es estúpido.

Veamos brevemente algunos comportamientos que, según Osho, nos hacen cretinos. El primero, creernos que somos los mejores, sea en general o en nuestra especialidad. Podemos ser muy buenos en ciertos aspectos y fracasar en otros. Es lo que Goleman trató en *La inteligencia emocional*, personas que han obtenido muchos diplomas académicos *cum laude*, lo que les hace creer que son los mejores, y luego son incapaces de relacionarse con los demás al no poder controlar sus emociones, ni comprender las ajenas.

«Si no entendemos nuestra propia estructura íntima, nuestra psique, nuestro sentir y pensar, ¿cómo habremos de entender otras cosas?»

Krishnamurti

El desprecio por los demás, según las enseñanzas de Osho, es otro de los aspectos que nos convierte en cretinos. Generalmente despreciamos a los demás porque los consideramos inferiores, menos inteligentes que nosotros, o porque pertenecen a otra raza que no es la que nosotros consideramos hegemónica.

Los despreciamos porque no han tenido la oportunidad de tener una educación como la nuestra y sus modales no están a nuestra altura, o simplemente porque creen en cosas que a nosotros nos parecen tonterías o falsedades. Despreciamos a los demás porque tienen una religión diferente a la nuestra, porque sus dioses no son los que a nosotros nos han inculcado a través de una educación condicionante. En cualquier caso ese desprecio es injustificado, ya que son muchas las circunstancias que han formado a las personas en la vida y todos no han tenido las mismas oportunidades. El desprecio a cualquier ser humano no es justificable ni ante los más ruines.

La prepotencia es otro de los síntomas de la cretinez. Somos prepotentes siempre ante el inferior, ante aquel que está bajo nuestro mando o carece de los bienes económicos que nosotros poseemos. Nuestra prepotencia surge frente aquellos que no nos pueden igualar en fuerza, en poder económico o en intelectualidad.

Destaca Osho que también pecamos de cretinez cuando creemos que nuestro aspecto físico es lo más importante. Creemos que nuestra belleza es suficiente, que nuestro esfuerzo en el gimnasio para moldear nuestro cuerpo es lo único importante para triunfar en la vida. En realidad solo hemos desarrollado músculos, solo hemos construido una imagen exterior. Pero nuestro interior, nuestra inteligencia sigue igual. Con nuestro cuerpo y nuestra belleza podemos cautivar, pero no podemos demostrar nuestro conocimiento, nuestra sabiduría, nuestro verdadero objetivo que es la búsqueda interior, el reconocernos interiormente.

Creer que estamos en posesión de la verdad absoluta y no admitir nuestra posibilidad de estar equivocados es otro de los caminos de la cretinez. Nadie está en posesión de la verdad ya que esta es relativa. Lo que hoy es verdad tal vez mañana sea falso. No existe una verdad absoluta.

«Nadie puede llegar a la Verdad hasta que sea capaz de pensar que el sendero mismo puede estar equivocado.»

Idries Shah

Finalmente cabe destacar la cretinez cuando alardeamos de nuestros bienes materiales. Podemos tener muchos inmuebles, muchos vehículos, mucho dinero, terrenos y negocios, pero cabe preguntarse de qué nos servirá todo eso cuando estemos muertos. Los bienes materiales deben servir no para generar más cantidad de bienes materiales, sino para adquirir más conocimientos y, como dicen los maestros espirituales, para ser más y ayudar a otros para que también sean más.

El esfuerzo por ser más en las enseñanzas de Osho

Destaca Osho que el primer paso para ser más es ser conscientes de nosotros mismos, para ello debemos vivir intensamente el presente, estar en el aquí y ahora. Eso significa que no debemos estar pensando en el pasado ni construyendo historias sobre el futuro posible. Debemos estar presentes en cada instante de la vida. Porque el presente es lo único que existe. En realidad vivimos un eterno presente, siempre estamos en el presente. Cualquier otro pensamiento fuera del presente es recuerdo o imaginación.

Ser conscientes de nosotros mismos es vivir la vida dándonos cuenta de nuestros actos, dándonos cuenta que caminamos por una larga avenida de una ciudad, que nos sentamos y que observamos o que estamos utilizando unos cubiertos para ingerir unos determinados alimentos que nos pide nuestro cuerpo y que saboreamos conscientemente.

«El hombre vive en medio de máquinas potentes y sin inteligencia. La consecuencia es que el hombre también se hace fuerte y sin inteligencia.»

Warren Brodey

Ser conscientes no es comportarnos como máquinas, sino darnos cuenta de que hacemos lo que hacemos porque lo ordena nuestra mente, porque nosotros lo hemos decidido así. A lo largo del día, existen muchos actos que realizamos inconscientemente. Desde el mismo momento en que nos levantamos por la mañana, si no controlamos nuestras acciones, podemos convertirnos en auténticas máquinas, en robots dominados por el sistema que se mueven, trabajan y viven sin ser consciente de ellos mismos.

Por esta razón, al despertar por la mañana debemos tener conciencia que estamos aquí, que seguimos vivos que es lo más importante de todo. Debemos reconocer nuestro cuerpo y saber que todos los movimientos que vamos a realizar están controlados y determinados por nuestra voluntad, no por una mecanicidad que nos lleva a convertirnos en auténticos autómatas que se mueven por costumbre o condicionamiento.

«Se trata de vivir la experiencia pura en la vida corriente, en nuestro mundo, donde estemos, en el asfalto, en el metro, en el trabajo, en casa. El templo está en todas partes.»

Louis Pauwels

Una de la formas de tomar conciencia es la utilización de nuestro cerebro. Es decir, sencillamente, pensar. Parece una tontería que se diga una cosa así, pero ¿se han parado a meditar cuántas cosas al día hacemos sin pensarlas, cuántas decisiones tomamos sin reflexionar o, simplemente, cuantos movimientos o acciones hacemos sin pensarlas? La realidad es que nos movemos como máquinas. Un ejemplo que nos puede demostrar este hecho lo tenemos en el simple ejercicio de cambiar el teléfono de nuestro despacho de lugar. Si lo tenemos en el lado derecho de la mesa lo situamos en el lado izquierdo. Veremos que cuando suena solemos estirar nuestra mano hacia el lado derecho de una forma automatizada, hasta que descubrimos que lo hemos cambiado de lugar. ¿Qué ocurre? Simplemente que nuestro comportamiento está mecanizado, que no somos conscientes de nuestros movimientos y que nos comportamos como máquinas. Es algo que debemos evitar, debemos ser conscientes en todos nuestros actos, nunca nos debemos mecanizar.

Osho insiste en que debemos vivir conscientes de estar en este planeta, que somos seres que han llegado hasta lo que son tras una larga y tortuosa evolución, que nuestra vida corriente es sumamente importante ya que llevamos en nuestro interior un legado genético y una información importante en nuestro cerebro. Debemos ser conscientes de estar atravesando una experiencia única, aunque nuestra vida sea sencilla, aunque no tomemos decisiones que afecten al conjunto de la humanidad.

«La ciencia sin conciencia no es más que ruina para el alma.»

Rabelais

Para Osho y otros maestros espirituales el esfuerzo por ser más requiere tener inquietudes. Las inquietudes pueden ser aspectos molestos y turbadores, ya que nos llevan a preguntarnos muchas cosas de las que no tenemos respuestas inmediatas. Sin embargo, esas inquietudes nos llevarán a ser más, a tener más conciencia de nosotros mismos. Puede ser molesto que nos preguntemos qué somos, de dónde venimos, qué ocurre cuando morimos, qué es este Universo que nos rodea, de dónde ha salido y qué representamos nosotros en él. Puede haber otro tipo de inquietudes, como ¿qué será de nuestro futuro en el trabajo? ¿Nos seguirá queriendo nuestro/a compañero/a? ¿Tendremos un subsidio de vejez? Estas últimas inquietudes son más bien materiales, no tienen la espiritualidad y la grandeza de las primeras, pero no dejan de molestar nuestra mente, ya que parece que nuestra situación material es lo más importante. Aunque en realidad lo único importante en la vida es levantarse por la mañana y darse cuenta que uno está vivo, y que puede reflexionar sobre el gran misterio de su existencia.

Pero verdaderamente en la vida ¿Hay algo más importante que nuestra existencia? Sin embargo, la mayor parte de los seres humanos están más preocupados por su bienestar, por adquirir riquezas, por tener poder, por dominar a los demás. No somos conscientes de por qué estamos aquí, de dónde veni-

mos y qué representamos en este mundo, pese a que estos aspectos son los únicos importantes de nuestra existencia.

«Cada segundo que empleamos para nuestro mundo material se lo robamos al espíritu. Le hemos robado demasiado, es hora ya de que paguemos por nuestro delito.»

Eduardo Romero-Girón, publicista

En este mundo hemos atravesado varias etapas. Inicialmente solo teníamos que sobrevivir para transmitir un código genético y una experiencia a nuestros descendientes, pero hoy nuestra obligación es la de transmitir un conocimiento a nuestros descendientes que les facilite saber por qué estamos aquí y cuál es nuestro destino en este Universo en el que hemos aparecido.

Es muy posible que muchas respuestas a nuestras inquietudes nos las encontremos a través del mero hecho de pensar o reflexionar, también debemos instruirnos, también debemos leer libros y estudiar. Debemos reforzar nuestros conocimientos a través de la lectura, pero esta lectura debe ser informativa, no adoctrinadora. Recordemos que hemos explicado que nadie está en poder de la verdad absoluta, y por lo tanto los libros nos pueden dar información y conocimientos sobre los que debemos reflexionar, lo importante en la lectura es no memorizar y convertirnos en intelectuales que solo repiten nombres de autores, frases y pensamientos.

«Nada hace a los espíritus tan imprudentes y tan vanos como la ignorancia del tiempo pasado y el desprecio a los libros antiguos.»

Joseph Joubert

La lectura debe convertirse en una forma de conocimiento, en una información sobre la que tenemos que trabajar y reflexionar. No hay libros buenos, solo hay autores que han plasmado sus reflexiones, sus estados de conciencia en sus obras. Autores que nos han transmitido un saber, una experiencia interior. Y no importa que esos autores sean antiguos o modernos, lo importante es que su mensaje sea auténtico y refleje las experiencias sobre el concepto de la vida que en aquellos momentos han sentido.

Osho en el camino de la meditación

La meditación es un camino recomendado por Osho y todos los maestros espirituales, un camino para llegar a ser más. Meditar requiere un esfuerzo, requiere una atención en sí mismo y una desconexión con el mundo que nos condiciona y nos automatiza día a día. En el capítulo dedicado a la meditación (capítulo 10) hablamos de una de las técnicas de meditación, la recomendada por Osho. Sin embargo, existen muchas técnicas meditativas, muchas escuelas y cada uno debe escoger aquella que le sea más adecuada a su situación, temperamento y armonía. Como explico en uno de mis libros sobre la meditación[4], no se puede tratar a todos los discípulos con la misma técnica, los hay que funcionarán bien con la meditación zen, pero otros puede que se adapten más a una meditación budista o a una avanzada como la del testigo de Ken Wilder. Lo importante es meditar y que cada uno encuentre su método de meditación más adecuado a su personalidad o a su estado de evolución espiritual.

«Pudiera ocurrir que aprendamos a pensar efectivamente cuando sepamos como pensamos.»

Arthur C. Clarke

Destaca Osho que la meditación tiene muchos objetivos. Inicialmente es una herramienta muy efectiva para dominar nuestra mente, para procurarnos un estado de tranquilidad y armonía que nos conduce a una búsqueda interior. La meditación sirve para aquietar nuestra mente, para dominar nuestra respiración, para decirle a nuestra mente con sus yoes interiores que somos nosotros los que dominamos el cuerpo y tenemos conciencia de nuestro ser. La meditación, al margen de todos estos aspectos psicológicos, en estados muy avanzados, puede llevarnos a estados modificados de conciencia que nos abren las puertas a otras realidades. La meditación es una apertura a las profundidades más recónditas de uno mismo.

«En la práctica diaria, el sostenimiento de esta atención conduce a la indiferencia del meditador por sus propias percepciones y pensamientos. El meditador se convierte en un espectador de su corriente de conciencia.»

Daniel Goleman

---

[4] *Vademécum de la meditación.* Ediciones la Tempestad, 1996; o *Meditación Práctica.* Ediciones Grijalbo, 2004.

Lo importante de la meditación, en relación a todo lo que hemos mencionado anteriormente, es que implica una concentración de la mente, es un camino en el cual vamos más allá de nuestros sentidos. Y esto se consigue porque existe una atención.

La realidad es que a través de la meditación llegamos a un estado de paz en el que dejamos fluir todo aquello normalmente inhibido en nosotros. La meditación es un camino instrumental dirigido hacia la trascendencia.

«El mundo de los dioses se conquista a través de la meditación.»

Brihadaranyaka Upanisad

La meditación se halla entre las técnicas más comunes de las psicologías tradicionales. Son técnicas que han sido empleadas en casi todas las culturas, algunas primitivas, otras más evolucionadas, y todas ellas —desde el antiguo chamanismo hasta los sistemas orientales y tibetanos— nos han llegado a través de la intuición y la tradición.

El poder de la mente

La mente humana tiene un poder que aún desconocemos, en realidad no somos conscientes de sus posibilidades y aún menos de cómo utilizarla. Sabemos que existe una gran capacidad de intuición, que podemos llegar a curar las enfermedades que nos aquejan y que su dominio nos convierte en seres privilegiados dentro de la evolución humana. Ocurre que hemos utilizado nuestra mente solamente para reflexionar y que por lo general ha sido ella la que ha dominado nuestro comportamiento.

Estudios recientes realizados en importantes laboratorios del mundo y por destacados especialistas de la medicina, la psicología y la neurología, han demostrado que la mente es capaz de sanar muchas de las enfermedades que nos aquejan[5]. La meditación se ha revelado como una técnica para resolver problemas de estrés, así como para aquietar nuestras inquietudes mundanas y sumirnos en una armonía beneficiosa para nuestra salud.

Sabemos que ciertas enfermedades están producidas por un desequilibrio entre nuestro cuerpo y nuestra mente. También sabemos que si a través de nuestra mente enviamos energía, equilibro y armonía a una parte enferma de nuestro cuerpo, tenemos muchas posibilidades de incidir positivamente en nuestra enfermedad e incluso curarla.

Lo importante es, por tanto, realizar los esfuerzos necesarios para que nuestro cerebro evolucione y crezca día a día. Para ello solo tenemos que hacer trabajar a nuestro cerebro, hacerlo pensar, reflexionar, meditar. Hoy sabemos que cualquier actividad que requiera pensar, reflexionar, analizar, deducir y utilizar nuestra inteligencia, activa nuestras neuronas y estas extienden sus dentritas de forma que aumenta el número de conexiones en nuestro cerebro. A quantas más comunicaciones se produzcan, más posibilidades existen en el desarrollo de nuestra inteligencia.

---

[5] Para saber más sobre este aspecto recomiendo al lector leer *Somos energía*, Robinbook, 2009.

Einstein, que donó su cerebro a la ciencia, demostró que lo que importaba no era el tamaño del cerebro, sino el número de conexiones entre las neuronas, y esto solo se produce si hacemos trabajar a nuestro cerebro, si lo forzamos a pensar y reflexionar, si meditamos.

«Nuestro instrumento más crucial de aprendizaje es la facultad de establecer conexiones mentales. Esa es la esencia de la inteligencia humana.»

M. Ferguson, *La conspiración de Acuario*

Sabemos que cada día aumentan más las pruebas de que el vínculo entre la mente y el cuerpo es más sutil y más íntimo de lo que la gente comprende o está dispuesto a admitir.

Nuestro cuerpo es nuestro universo particular, donde todo está interconectado, donde cualquier acción que realicemos tiene una repercusión. Si la alimentación que ingerimos no es la correcta surgen desarreglos en nuestro cuerpo, aparecen enfermedades debido a excesos alimenticios en grasas o alcohol, y esto se materializa en aparición de colesterol, transaminasas que atacan nuestro hígado y muchos otros desarreglos interiores provocados por el abuso de algunos alimentos perjudiciales para nuestra salud.

«Como en los festines ingleses, dejo para el último el mejor manjar, para hacer más dulce el final.»

Enrique Bolingbroke, según
W. Shakespeare en *King Richard II*

Lo que debiéramos hacer cada día es preguntar a nuestro cuerpo qué alimento necesitamos. Se trata de un ejercicio mental y en parte intuitivo. No se debe confundir lo que nos pide el cuerpo con lo que nos apetece a nosotros, que en muchos casos en pura gula. Debemos escuchar a nuestro cuerpo y reconocer lo que nos solicita. Si sentimos sed debemos apresurarnos a dar agua al cuerpo, porque posiblemente nuestros riñones la están solicitando y a través de un mensaje interior hacen llegar a nuestro cerebro esta necesidad. Ocurre igual con el resto de los alimentos, hay mensajes cerebrales que debemos escuchar y atender. Pero insisto, no se debe confundir este hecho con la gula, con caprichos. Si el cuerpo nos pide azúcar podemos darle azúcar a través de algún alimento que la contenga. Hay gente que abusa del azúcar y come pasteles continuamente. Si son conscientes y sinceros con ellos mismos reconocerán que no es algo que les pida el cuerpo, que solo es un capricho de su paladar, y que cuando han comido muchos pasteles, bombones u otros productos con mucho azúcar, se encuentran empachados, llenos, insatisfechos y con cierto rechazo del cuerpo a ese exceso que han realizado. El cuerpo sabe pedir lo que necesita, pero también manifiesta el rechazo a cualquier abuso. Y esto último lo podemos comprobar cuando realizamos comidas y cenas copiosas, abundantes; lo podemos comprobar porque no nos encontramos bien, estamos soñolientos, cansados, hartos e incapaces de pensar claramente.

Un sentido casi perdido, la intuición

La intuición se define como el conocimiento inmediato de algo. Está en contraposición con la deducción y el razonamiento. Algunos la calificaron como un conocimiento divino. La realidad real está en nosotros, pero solo podemos sentirla a través de nuestra intuición.

«Sin intuición estaríamos aún en las cavernas. Toda ruptura, todo salto adelante en la historia tiene su origen en intuiciones del hemisferio derecho.»

M. Ferguson en *La conspiración de Acuario*

Hemos perdido algunos sentidos que nos hablaban y comunicaban con otras realidades, y tenemos muy mal desarrollado el sentido de la intuición. Tenemos que curar este sentido dañado y desarrollar los demás. Debemos empezar a oír y observar lo desacostumbrado.

El proceso intuitivo puede acelerarse tanto, que podemos sentirnos aturdidos e incluso asustados ante las posibilidades que se despliegan de pronto ante nosotros.

La intuición es un escuchar muy profundo. La intuición nos ancla en algo que está más allá de nuestra conciencia ordinaria que nos libera para experimentar la vida más plenamente. En el momento que empezamos a profundizar nuestra intuición del Infinito, empieza a desarrollarse una radical transformación de nosotros mismos.

«La intuición se desarrolla aplicándola de un modo consciente, no leyendo sobre ella.»

Laura Day

Para utilizar la intuición debemos concienciarnos que es un sentido que hemos perdido o tenemos muy poco desarrollado. Un sentido que utiliza el cerebro derecho, suministrándonos una información que no captamos y que nuestro subconsciente graba y nos suministra subliminalmente. La intuición se cultiva cuando conscientemente unimos nuestra atención a la más profunda corriente de ser, como por ejemplo, durante la meditación.

Todos tenemos experiencias intuitivas, y a veces reaccionamos calificándolas de corazonadas. Decimos: *Sé, pero no sé por qué.* En otras ocasiones tenemos la sensación de estar en lo cierto sobre algo, indudablemente está trabajando la intuición que se relaciona con nuestra conciencia más profunda. En cualquier caso la intuición llega como un destello, eso ocurre cuando no somos conscientes de nosotros mismos y no nos exploramos. Pero si somos conscientes de nosotros, si vivimos el presente intensamente, si estamos en el aquí y ahora, la intuición se convierte en un sentido más duradero, más frecuente, ya que actúa porque sabe que la estamos escuchando.

Si creemos en la intuición debemos activarla preguntándole lo que queremos saber, ya que se activa siempre con una pregunta que debe ser clara y precisa para evitar respuestas ambiguas. Debemos tener en cuenta que la intuición se expresa en un lenguaje diferente, a veces simbólico, incluso a través de nuestro cuerpo. Por ejemplo, tenemos un encuentro con otra persona y dudamos si debemos ir o no, ya que la persona con quién nos hemos citado no nos ha acabado de gustar, un hecho que ya puede ser por sí mismo intuitivo. Pero queremos estar más seguros y preguntamos a la intuición, sin embargo, no obtenemos una respuesta inmediata, pero en el momento que vamos a salir se nos presenta una repentina jaqueca. Esa puede ser una forma de respuesta intuitiva.

«En cierto modo, nuestra mente y nuestras emociones han sido programadas por nuestros padres, por nuestros amigos y por el contexto cultural en el que nos hemos desarrollado, y solo cuando seamos conscientes de esto, estaremos en condiciones de cambiar de programa. En este sentido, la intuición percibe nuevas posibilidades y constituye una excelente guía para adentrarnos en lo desconocido.»

Frances Vaughan, *Sombras de lo Sagrado*

A medida que sintonizamos con las señales interiores que nos ofrece la intuición, estas parecen hacerse más fuertes. Poco a poco la intuición se convierte en un compañero cotidiano, un guía en el que hemos depositado nuestra confianza. Cuando llegamos a este estado se genera en nosotros una sensación creciente de estar fluyendo y actuando de una forma adecuada ante el mundo.

Sepamos finalmente que confiar en la intuición significa actuar sin el apoyo de la lógica, el sentido común y la razón. La intuición no tiene ningún límite de espacio o tiempo. Y cada uno tenemos procesos, símbolos y vocabulario diferentes. La intuición es natural, no hay que esforzarse para recibirla. Podemos equivocarnos al interpretar la información intuitiva, pero esto no quiere decir que no haya sido correcta. Para alcanzar la intuición solo hace falta aprender a controlar la atención, algo en lo que insisten todos los maestros espirituales.

Cerebro: un órgano en plena evolución

Osho destaca que el cerebro es un órgano en plena evolución. Algo que se ha podido comprobar a través de registros fósiles de la paleontología, donde hemos podido observar cómo hemos ido desarrollando un cerebro cada vez más potente, un cerebro que nos permite almacenar cada vez más información y desarrollar pensamientos más complejos. Tal vez llegará un día en que podamos desplegar poderes mentales que hoy solo surgen esporádicamente en nuestra mente. Muchas actividades mentales como son las curaciones instantáneas, la premonición, la telepatía, la telequinesia, la retrocognición, y la bilocación, que surgen espontáneamente, sin control y sin comprensión de su aparición, pueden ser algo habitual en el futuro, dentro de miles de años, o menos, cuando nuestro cerebro alcance un grado de evolución y complejidad que domine aspectos que hoy consideramos como utópicos.

«El hombre encierra en sí una fuerza superior a la de los astros.»

Tycho-Brahe

Si comparamos un niño de diez o doce años con un hombre ilustrado de la Edad Media descubriremos que el adolescente actual tiene unos conocimientos muy superiores a ese hombre, y no solo eso, su proceso de pensar es mucho más evolucionado. Pensemos que un hombre de la Edad Media no sabía que el mundo era redondo, desconocía la existencia de la circulación de la sangre, los microbios, las bacterias, la función de los órganos internos, la estructura del ADN, la existencia de civilizaciones del pasado, el mundo de los dinosaurios, los millones de años de evolución, las distancias estelares de miles de años luz, la creación de energía, las galaxias y los planetas entorno a otras estrellas parecidas a la nuestra, el mundo de la física cuántica y la energía nuclear, todo un cúmulo de conocimientos que un niño actual conoce y le dan una idea distinta de la vida, de lo que somos y de la existencia.

Osho nos alerta del peligro de los condicionamientos

Osho y todos los maestros espirituales nos advierten del peligro que entrañan los condicionamientos. Desde que nacemos y a lo largo de toda la vida, recibimos una serie de instrucciones o formas de ver el mundo que nos llevan a actuar de una determinada manera. En la escuela se nos condiciona para creer una determinada forma de ver la vida, se nos premia o se nos castiga o se nos sumerge en un mundo competitivo donde siempre debemos triunfar, para ser alguien en la vida, o para poseer bienes. En esas mismas escuelas por las que hemos pasado todos se nos ha enseñado una historia de nuestro país y del mundo que no se ha ajustado mucho a la realidad. Se nos ha explicado como colonizamos otros países para llevarles prosperidad, cuando lo que hicimos fue robar y oprimir. Ejemplos claros de ello son la conquista de América, tanto el continente del norte como el centro y el del sur. En las escuelas se nos condiciona a creer en determinados valores que generalmente son falsos, también se nos condiciona a creer en determinadas religiones que marcarán toda nuestra vida.

«Todos los tipos de condicionamiento son venenosos.»

Osho

Como bien advierte Osho los condicionamientos son uno de los peligros más grandes y más letales que tiene el sistema educativo para nuestra mente. Son fuertes e inciden en nuestro comportamiento con fiereza porque han sido introducidos en nuestra mente en una edad temprana de la evolución de nuestro cerebro, porque han aprovechado el momento en que el cerebro estaba vacío de ideas y se puede moldear de una manera más fácil. En realidad todos los seres humanos nacemos libres, sin ideas concebidas, son nuestros tutores, maestros, educadores y padres quienes nos convierten en cristianos, mahometanos, judíos o hinduistas.

«Que la barca esté en el agua, bien; pero si el agua está en la barca te hundes.»

Ramakrishna

El problema reside en como librarse de ellos. Y según Osho solo existe una fórmula que pasa por la meditación, la reflexión, el repaso de nuestros conocimientos y aceptar que la verdad es múltiple, que existen muchas verdades, que las versiones de las cosas son variadas y distintas depende de quién las cuente. Como dice Osho tenemos que vaciar nuestra mente y volver a recolocar la información y los conocimientos según unos valores más abiertos, menos condicionados, más reales. Debemos seguir el consejo de Ramakrishna y vivir en el sistema social, con sus falsos valores, sin que estos no salpiquen, sin que estos nos atenacen.

Tenemos que ver las cosas como son, no como pretenden que creamos que son. Para ellos debemos tener libertad de escoger, libertad de ideología, libertad de espiritualidad, libertad de forma de vida, aunque todo ello vaya contra el entorno que nos rodea. Todo ello significa vaciar nuestra mente de las ideas condicionantes y admitir que hay otras respuestas, otras realidades, otra forma de enfocar la vida sin necesidad de vivir para tener más, sino tan solo vivir para ser más y saber más.

4.
Los peligros
del ego

Se nace con un auténtico ser

Se nace con un auténtico ser, el sistema te crea uno falso, te moldea el ego y te hace ser como eres. El ego es uno de los aspectos psicológicos más peligrosos de todos, un falso yo del que nos ponen en alerta todos los maestros espirituales, desde los orientales hasta los occidentales. En Oriente tanto Osho, Krishnamurti o Ramakrishna, nos advierten de los peligros del ego, pero también en occidente Gurdjieff, Maslow, Tart o Goleman nos han alertado sobre este falso yo que termina por dominar nuestra mente.

«El ego fue implantado por la sociedad.»

Osho

Destaca Osho que el ego es esa actitud que nos hace creer que somos únicos, que el mundo gira alrededor nuestro, que somos la atención de todo, que somos infalibles y también los mejores. El ego nos hace menospreciar a los demás, ser ambiciosos, comportarnos con superioridad.

El ego no es una particularidad de la gente inculta, hay personajes muy cultos con un gran ego, también hay políticos e incluso científicos. Han existido y existen escritores que su ego los ha superado y les ha llevado a tratar a los demás como inferiores por no tener el talento que ellos tenían. También ha habido, y hay, políticos que por haber alcanzado el poder entre sus ciudadanos se creen superiores e infalibles a todos los demás. Incluso científicos, que por haber creado nuevas teorías o haber realizado un descubrimiento importante se creen capaces de comprender la ciencia y el mundo que les rodea.

Todos ellos son incapaces de auto-observarse, autoconocerse y descubrir su pequeñez y su escasa realización interior. Ello les lleva a no conocerse, a dejarse llevar por ese ego que les vanagloria, les orla con falsas medallas y les autoriza a despreciar a los demás. Afortunadamente es fácil conocer a estos seres dominados por el ego, son esos individuos que nos miran por encima del hombro, que no se dignan a saludarnos, que cuando hablan solo lo hacen de ellos mismo y utilizan constantemente el vocablo «yo». Fernando Sabater dice de ellos: «Cuanto más ceremonial rodea a un personajillo, más puede apostarse sobre su insignificancia; cuanto más titulaciones aparecen en su tarjeta con letras en relieve de catedrático, más vacuas y rutinarias son sus opiniones sobre cualquier tema...». Lamentablemente hay muchos personajes con tarjetas con letras en relieve y tan repletas de titulaciones que parecen auténticos currículum vítae. Son esos personajes que su ego les obliga a airear quienes son ante los demás, para mostrar su superioridad e intimidar a todos los que ven su tarjeta. Su ego advierte a los demás: «Este soy yo, acoquínate».

La aparición del ego en la etapa infantil

¿Cuándo aparece el ego? Muchos psicólogos creen que el ego es algo que se adquiere, fruto de un estado infantil o de una educación equivocada.

Existe una etapa infantil en la que el yo se convierte en una unidad auditiva, verbal, algo superior que se consolida con rapidez si los educadores no enseñan al niño que, además de él, existen todos los demás. En esa etapa infantil el niño cree que es el centro del mundo, que todo los antojos que solicita deben cumplirse, que no hay nada más importante que él. El ego le está demandando satisfacciones constantemente, y si no las consigue viene la pataleta, la mala cara o el desprecio. Es una etapa difícil en que el exceso de consentimiento por parte de los padres se convierte en una herramienta que potencia el ego. Si esta etapa no es corregida, el niño crecerá creyéndose superior a los demás y capaz de conseguirlo todo. Es posible que la etapa sea frenada en el colegio, donde se enfrentará a la realidad de que también hay otros egos u otros yo que compiten por demostrar que también son algo. Si la etapa no es frenada tenemos a un ser egoísta que puede significar un verdadero peligro para la sociedad y, por supuesto, para sí mismo. En consecuencia debemos agradecer a nuestros padres si no han sido lo suficientemente consentidos con nosotros, si nos han tratado como a uno más, sin han hecho de nosotros un ser más en este planeta, un ser ni superior ni inferior, simplemente como todos los demás entes que viven en la sociedad.

Según Osho el ego es un estado psicológico que nos impide darnos cuenta de nosotros mismos, de nuestro verdadero ser. Ya que actuamos dominados por el ego con el fin de recompensarlo. Si asistimos a una reunión nos encanta ser el centro de todo, que la gente nos escuche, que se arremoline alrededor nuestro, rían nuestras gracias y admiren nuestro saber. Con esta actitud recompensamos al ego, que se siente satisfecho y grande, cada vez más grande, ya que en la próxima reunión exigirá más atención de los demás. Cuando no somos escuchados o la gente no se interesa por lo que decimos, el ego se frustra, se enoja y recurrimos a irnos del lugar como pataleta, mientras el ego nos dice que no nos preocupemos porque se trata de gente inferior incapaz de comprender nuestro talento.

«Un niño que nace en un ambiente familiar poco adecuado, puede tener graves alteraciones psiquiátricas o psicológicas porque la información que le está llegando no es la adecuada para que su cerebro se desarrolle de forma sana a nivel psicológico.»

Javier Felipe, profesor del CSIC, experto en el cerebro humano

Osho nos alerta que estamos enfermos de ego

Destaca Osho que el ego, tarde o temprano produce sufrimiento, frustraciones e incluso locura y suicidio. Produce sufrimiento si nos cuesta conseguir las metas que nos hemos impuesto, mejor dicho, que nos ha impuesto el ego. Produce frustración cuando no conseguimos esas metas y, en consecuencia, surgen traumas que el ego no puede evitar, traumas que nos persiguen toda la vida y se convierten en una pesada carga para nuestro subconsciente. Suponiendo que consigamos ciertas metas, es evidente que no las mantendremos toda la vida y llega un momento en que nuestra gloria desaparece. Como dicen los maestros espirituales: hay que ser uno mismo, ya que si creas una falsa imagen de ti, no solo no podrás mantener siempre ese tipo, sino que, cuando bajes el nivel, decepcionarás a los que te rodean y a ti mismo. Y cuando todo fracasa, viene la gran depresión, la locura, consecuencia del enfrentamiento con nuestro propio ego que nos recrimina no haber mantenido el tipo, y como consecuencia de esa locura, el suicidio del que tenemos una historia llena de ejemplos con megalómanos, empresarios, políticos, militares y artistas.

«Se ha negado a los niños, y a toda la población en general, la costumbre de cuestionar la realidad.»

Eduard Punset

El ego crea una situación en la que no queremos que nadie tenga un yo superior al nuestro. No solo somos superiores, sino que tenemos la última palabra. Ese ego origina muchos problemas, entre ellos los celos, miedos y fracasos. También nos impide ver la realidad y cuestionar esa realidad, ya que para el egoico las estructuras creadas a su alrededor son la única realidad que existe. Por eso, los maestros espirituales nos alientan a que cuestionemos la realidad y que enseñemos a nuestros hijos, desde pequeños, a cuestionar la realidad.

Unas recetas de Osho para superar el ego

Es muy difícil que una persona cargada de ego se dé cuenta de esta situación. A veces un fuerte choque en la vida puede hacerle ver su estado egoico, en otras ocasiones será necesaria la ayuda de alguien para superar esta situación.

Osho y otros maestros espirituales no acostumbran a interferirse con las personas egoica si ellas no acuden para solventar su situación. Como bien explican algunos maestros es inútil golpear el hierro frío para enderezarlo. Y aunque parezca una contradicción, el primer objetivo del maestro espiritual es hu-

millar al discípulo, obligarle con esas humillaciones a que se dé cuenta de su pequeñez, de su insignificancia y de que está dominado por el ego.

«Pero es tu yo el que tiene que transformarse constantemente. No puedes llevar el mismo yo viejo al mundo y esperar que el mundo sea nuevo para ti.»

Deepak Chopra

Reflexionar sobre el ego, pensar en él y lo que nos causa puede ser también un buen camino, pero sin duda, la meditación es también una vía interesante, ya que lleva a una nueva experiencia de búsqueda interior en la que no se requieren alardes exteriores.

Meditar sobre uno mismo, sobre las acciones que hacemos puede ser un camino, pero recordemos que en nuestra mente está implantado ese falso yo que nos domina, que nos habla, que nos dice que tenemos que seguir por el camino del ego triunfante. No es fácil acallar ese yo interior, siempre está presente, dispuesto a demostrar que somos los mejores. Por esta razón, los maestros espirituales, recurren a la meditación, porque la meditación es un camino de silencio mental, una forma de acallar la verborrea mental que nos domina y que nos impide vivir el auténtico presente.

«La mente está siempre errante de un pensamiento a otro: Ser capaz de mantenerla dentro del cuerpo significa estar siempre totalmente presente, aquí y ahora, en el instante que conecta lo temporal con lo eterno.»

Seyyed Hossein Nasr (Sufismo vivo)

El primer objetivo es el silencio mental, y esto solo se consigue por medio de la meditación. Pero recordemos que el yo interior es enemigo del silencio, no le gusta, lo odia y lo teme por que significa su muerte. Así que, en las primeras meditaciones, intentará a toda costa boicotear el silencio. Primero nos dirá que lo que estamos haciendo es una pérdida de tiempo, luego, si fracasa en este primer intento, recurrirá a la sutileza de traernos a la mente preocupaciones de nuestra vida cotidiana: «Mañana tienes que pagar esa factura y no sé si tendrás dinero suficiente», «¿Dónde estará tu novia ahora?», «¿No estarías mejor en el club con tus amigos tomando unas copas?». Las sutilezas del ego para persistir dominando la mente humana pueden ser increíbles. Sin embargo, si tenemos constancia, el camino de la meditación termina venciéndolo porque con el silencio de la mente empezamos a encontrar otro tipo de recompensas, otra realidad en la que no estamos dominados por nadie. Por primera vez, nosotros somos testigos de nuestro auténtico yo.

Una forma de meditación, muy adecuada para extinguir el ego, puede ser la del «Testigo» de Ken Wilber, ya que nos convertimos en testigos de lo que ocurre en nuestra mente, salimos fuera de ella para ver cómo funciona, vemos cómo el ego pretende dominarla, pero nosotros no estamos en ella, somos observadores. Este método permite, por primera vez, observar de qué forma trabaja nuestro ego y nuestros falsos yoes.

La meditación es sin duda uno de los caminos más adecuados para combatir el ego, pero a veces es una herramienta que no funciona con todos. La psicología transpersonal propone otra herramienta: la técnica centauro.

La técnica centauro requiere la presencia de un especialista que nos ayude en su desarrollo. Se presenta como una técnica más rápida para combatir el ego, aunque requerirá más tarde la ayuda de la meditación para evitar que los traumas que habremos descubierto vuelvan a reproducirse.

«… el dragón es el custodio del ego y ese es precisamente el tesoro que el héroe debe alcanzar.»

Ken Wilber, *Después del Edén*

La técnica centauro, también creada por Ken Wilber, consiste en una serie de ejercicios respiratorios y búsqueda de lugares calientes y fríos de nuestro cuerpo que denotan la presencia de bloqueos originados por viejos traumas. Si localizamos los bloqueos y los identificamos, es decir, averiguamos su causa, sabremos mucho de cómo han sido producidos, qué actitudes egoicas los han creado, o que frustración. Así, por citar brevemente algunos ejemplos, si la técnica localiza dolor en las sienes significa que hemos retenido nuestras lágrimas en alguna ocasión concreta, en tal caso se trata de averiguar cuándo ocurrió y por qué retuvimos nuestras ganas de llorar. A lo mejor, descubrimos que nuestro ego nos impidió llorar ante un hecho doloroso para evitar que los demás lo interpretasen como debilidad nuestra. Si recordamos el suceso habremos superado el bloqueo y el trauma consiguiente y, lo más importante, habremos desenmascarado la manipulación del ego en nuestra persona.

«La meditación es un discurso de entendimiento, atento y cuidadoso, para buscar la verdad escondida.»

San Bernardo

Otro ejemplo es descubrir que un lugar caliente de nuestro cuerpo es nuestra garganta. Este hecho nos indicará que allí hay un bloqueo, posiblemente por algo que nos hemos callado, por algo que no dijimos, por algo que estamos tragando y de lo que no protestamos. Otras partes del cuerpo pueden descubrirnos otras realidades traumáticas: la pelvis destapando problemas sexuales, las piernas delatando un desequilibrio general, etc.

En definitiva, cada uno debe recurrir a la técnica que le sea más efectiva para desenmascarar al ego, para combatirlo y superar su dominio. Pero sobre todo, los primeros pasos deben residir en la auto-observación, en la reflexión de nuestras acciones. Debemos plantearnos constantemente quién toma las decisiones, ¿nosotros o nuestro ego? Y preguntarnos, también constantemente, ¿por qué he realizado este acto, por qué he tomado esta decisión? ¿Qué estoy haciendo aquí rodeado de personas que me escuchan? ¿A quién estoy satisfaciendo?

5.

La trampa
del éxito y el poder

Las trampas del camino interior y la sabiduría espiritual

Osho y todas las tradiciones espirituales, así como todos los maestros que siguen estas filosofías, son claros y explícitos en cuanto al concepto del éxito y el poder: se trata de dos trampas para impedir la evolución interior y el camino espiritual.

Lamentablemente, nuestro sistema social, está constituido en la modalidad del premio y recompensa para aquellos que llegan a sus más altos escalones sociales, para los que tienen éxito y triunfan y para los que alcanzan el poder. Toda la educación, toda la publicidad, toda enseñanza gira en torno a alcanzar el éxito, a triunfar y conseguir el poder. Incluso muchas religiones alientan a alcanzar altas metas para poder seguir manipulando al resto de los seres con sus dogmas y enseñanzas.

«El deseo de poder es la peor enfermedad que padece el ser humano en el mundo entero.»

Osho

Nos enfrentamos a un sistema social que alienta a competir, a ganar dinero y prestigio, pensar en la recompensa material y en las relaciones humanas como único propósito de nuestra vida. El conocimiento interior, la vía espiritual, el reconocimiento de nuestra insignificancia cósmica, el saber más en contra de tener más, son aspectos que no se contemplan en el sistema occidental, donde solo importa el prestigio, el dinero y el poder.

Osho ha destacado cientos de veces que el éxito y el poder son cosas efímeras, que tarde o temprano perderemos. Son una trampa, una ilusión y un espejismo para impedir ver nuestro verdadero ser. Nos impiden autoconocernos porque nos sumergen en un mundo de falsa gloria, de falsos amigos que revolotean alrededor nuestro para succionar algo de nuestro éxito, para poder decir que son amigos de tal o de cual. Pero todo ese éxito, ese poder no sirve para nada, ya que conforme se va subiendo en fama y poder, se acerca la fecha del inevitable declive. Por otra parte, todo ese éxito y ese poder ¿de qué nos servirá una vez estemos en la tumba?

«Muchas personas se vanaglorian de su riqueza, de sus poderes, de su nombre y su apellido, de su alta posición en la sociedad. Pero todas estas cosas efímeras no las encontrarán después de la muerte.»

Ramakrishna

Triunfar en la vida es algo muy relativo. Se puede haber triunfado en un aspecto y ser un fracasado en otro. Se puede ser un gran político pero haber fracasado en la vida familiar o sentimental. Se puede ser un gran militar o un gran empresario y ser un fracasado en la vida espiritual. Incluso haber alcanzado el poder y estar tan ajetreado con mantenerlo y manipularlo que dejamos de conocernos a nosotros mismos, que dejamos de tener un vida interior, que dejamos de ser humanos y solo actuamos por medio de estrategias, *marketing* o tácticas de todo tipo.

Por otra parte el triunfo y el poder no son fáciles de soportar, y muchos padecen por estas cargas efímeras sin ningún valor espiritual, sin ningún sentido profundo de la verdadera vida y del conocimiento de sí mismo. Muchas personas terminan sufriendo lo que se denomina «mal de altura», ese género de enfermedad eufórica que padecen los escaladores que suben por encima de lo que son capaces de soportar.

Con la euforia del éxito y el poder, lo trascendente deja de tener valor. Uno se cree el mejor y ya no importa perder el tiempo en la búsqueda interior.

«El mundo es difícil, es un lugar donde no resulta fácil llegar al final de una vida sin descubrir que ha sido malgastada.»

Kazuo Ishiguro (escritor japonés)

Como bien dice Osho el éxito es una ambición, pero tan fuerte que nos impide ver la realidad que nos rodea y dirigir nuestra vida hacia un objetivo trascendente. Es una ambición que nos ciega y que puede mantenernos sumidos en un bendito sueño durante toda la vida, luego al final de ella, si es suficiente larga, nos damos cuenta que hemos equivocado el camino y que no sabemos nada de nosotros ni de la verdadera realidad.

Adulación, ego, intrascendencia y fanfarronería

Cuando se le pregunta a un maestro espiritual para qué sirve el éxito, es taxativo en su respuesta: para perder amigos de verdad, para perder intimidad en la vida, para rodearse de aduladores, para alejarse del mundo interior, para tener una vida intrascendente, para no llegarse a conocer a sí mismo, para aumentar el ego y la fanfarronería.

Pero ¿cómo evitar esa ambición del éxito? Es indudable que si se practica una vía espiritual siguiendo los consejos de antiguas tradiciones y filosofías, instruyéndose y meditando cada día es muy difícil caer en la ambición del éxito, ya que se ha descubierto un camino mucho más interesante e imperecedero, un camino en el que cada día vamos ascendiendo, sabiendo más y consiguiendo una mayor tranquilidad espiritual.

La renuncia a la posesión de cosas materiales es una de las respuestas de los maestros hindúes contra la ambición y el éxito. Claro que no posesión de cosas materiales se convierte en un problema en la civilización occidental. Como respuesta a esta situación, Swarmi Rama destaca: «En realidad, no es necesario renunciar a las cosas materiales del mundo, ya que el ser humano no posee nada. Por lo tanto, no es necesario renunciar a nada, aunque es preciso renunciar al sentimiento posesivo».

Si aún no estamos en una vía espiritual tenemos que empezar por admitir que somos únicos, que somos normales. Tenemos que aumentar nuestros conocimientos y cultura, al mismo tiempo que buscamos la verdad interior. Tenemos que conocernos a nosotros mismos y aceptar que somos como somos, y que no queremos ser como los famosos. Si por alguna circunstancia alcanzamos una relativa fama —como escritores, artistas o deportistas—, debemos procurar ser humildes, pasar desapercibidos, seguir la norma de que es una gran inteligencia saber ocultar nuestra inteligencia.

«El Universo entero y toda la experiencia solo existen para ser transcendidos.»

Da Love-Ananda

Recordemos que el éxito atrae a los malvados, los cínicos, los hipócritas, a los que quieren vivir a costa de los demás. Eso es algo que vemos cada día y que sin embargo se repite incesantemente. Son esas cortes que acompañan a muchos famosos, artistas o futbolistas, que viven de sus fiestas y su dinero, pero cuando eso se acaba también se acaba la amistad. Es como las cortes de los antiguos reyes que se rodeaban de un tropel de aduladores e instigadores y malvados, que duraban lo que perduraba el rey en el poder.

Porque, en realidad, a la gente les fascina lo falso, la mentira y la ilusión.

«A menos que vivamos algún tipo de revolución espiritual que pueda mantenernos al mismo nivel que nuestro genio tecnológico, es muy improbable que consigamos salvar nuestro planeta.»

Karen Armstrong, *La gran transformación*

Nuestro sistema social está lleno de esta gente que son como almas perdidas en busca de algo. Es un problema porque nos priva de una serie de valores y nos apartan de la verdadera realidad, y nos alejan de la espiritualidad y de la búsqueda interior.

El poder y la renuncia en la escuela de Osho

Se puede tener éxito pero eso no significa poder, se puede tener dinero pero tampoco es el poder. El poder es mandar, ser obedecido por todos, es un escalón más en la fama y la egolatría. Poder puede tenerlo un poderoso magnate del petróleo o de multinacionales, un general que gobierne su país, un dictador e incluso un político elegido por su pueblo. Cualquiera de ellos se verá sumido por esa enfermedad que menciona Osho: el deseo del poder.

Mientras más poder se tenga más difícil será superar la frustración de su pérdida inevitable y un recuerdo traumático del triunfo que permitió acceder a ese poder. El poder hace a las personas infalibles, como los papas del cristianismo que tantos errores han cometido. Napoleón destacaba a este respecto: «Triunfar siempre, no importa cómo; y tendrás razón siempre».

Para los maestros espirituales el poder deshumaniza, provoca que las personas se vuelvan déspotas y frías. Un político, por muy humano que parezca, se encuentra sujeto a sus asesores de imagen que le dicen lo que debe decir para seducir a su electorado. En realidad a estos asesores políticos solo les interesan las frías cifras y las estadísticas.

«La crisis no está en el mundo exterior. Más bien está dentro de nosotros, en nuestra conciencia. Lo que significa que es el ser humano el que debe cambiar.»

Krishnamurti

Dicen los maestros espirituales que librarse del poder es internarse en uno mismo y fascinarse por el poder es apartarse de uno mismo. Muchos psicólogos destacan que solo los seres psicológicamente inferiores desean el poder, ya que es una forma de ocultar su inferioridad. Y estos individuos, añaden, acostumbran a ser déspotas, crueles e inhumanos. El poder es algo contrario a la paz interior, a la creatividad y a la libertad.

«Morir a lo conocido, morir a lo aparente para nacer en lo real.»

Krishnamurti

Debemos renunciar al poder, al éxito y a ambiciones de este tipo. Ninguna de estas ambiciones nos transporta al camino de la espiritualidad. Como dice Krishnamurti hay que morir en lo aparente para nacer nuevamente en algo más real.

Ni la fama ni el éxito ni el poder nos darán la felicidad, posiblemente una vida normal tampoco nos haga felices, pero nuestra tranquilidad espiritual será muy superior. También gozaremos de verdaderas amistades, de intimidad, de paz interior y de la posibilidad de internarnos en nosotros mismos, conociéndonos tal y como nosotros nos queremos ver y no como nos ven los demás.

El camino de la renuncia no nos hace más débiles, sino todo lo contrario, nos da más fuerza y nos permite utilizarla con más sabiduría y conocimiento.

«Es hermoso tener la fuerza de un gigante, pero terrible usarla como un gigante.»

William Shakespeare

Osho destaca que la renuncia es liberación. Leemos en los Upanisad que el camino recto se caracteriza por la renuncia, y comporta, entre otras cosas el sendero del conocimiento. En el Bhagavad Gita leemos: «Aquel que tiene un entendimiento desapegado de todas las cosas, quien ha vencido su mente y no tiene ya deseos, alcanza por la renuncia el estado más elevado de perfección, libre de todo actuar».

6.
La violencia según Osho

La espiritualidad comienza por el rechazo a la violencia

La represión las torturas, los crímenes, las guerras, toda esa maldad humana que nos envuelve con sus terrores por todo el planeta, es consecuencia de la falta de conciencia de nosotros mismos. A veces la barbarie puede producirse por enfermedades mentales, pero en otras ocasiones son personas presuntamente sanas las que llevan a los países a las guerras o torturan a sus conciudadanos por tener ideologías distintas a las que ellos profesan. La violencia también es consecuencia de la ambición, de apoderarse de las riquezas de los otros o de la producción mineral, petrolera de otra nación.

«La vida no puede existir sin la convivencia; pero la hemos hecho en extremo angustiosa y repugnante por basarla en el amor personal a lo posesivo.»

Krishnamurti

Osho y todos los maestros espirituales de la India han rechazado la violencia como método para conseguir objetivos. También muchas religiones renuncian en sus principios y dogmas a la violencia, aunque en la realidad la han practicado sin ningún escrúpulo. Ejemplo de ello lo tenemos en el cristianismo, con sus cruzadas, sus matanzas de cátaros y su Inquisición. También se puede citar a los integristas del Islam, que no dudan en cometer atentados suicidas dentro de lo que ellos consideran la Guerra Santa.

En la India, fue Monadas Karamchand Gandhi quién instauró, frente al colonialismo inglés, nuevos métodos en los que rechazaba la lucha armada y predicaba la no violencia como medio para resistir el dominio británico. Lamentablemente, Gandhi, fue asesinado por un fanático integrista cuando predicaba la conciliación entre musulmanes e hindúes.

Todos los maestros espirituales han rechazado con firmeza la violencia. Krishnamurti fue uno de los que más insistieron en este tema, relacionando la no violencia con el conocimiento personal y la conciencia de nosotros mismos.

«El mundo se ha sumido en el caos porque nosotros hemos perseguido valores falsos. Hemos dado importancia a lo terrenal, a la sensualidad, a la gloria y a la inmortalidad, cosas todas que engendran conflicto y dolor. El verdadero valor se halla en el recto pensar; y no hay recto pensar sin conocimiento propio. El conocimiento propio nos llega cuando adquirimos clara y alerta conciencia de nosotros mismos.»

Krishnamurti

Este largo párrafo de Krishnamurti es revelador en su contenido. Habla de los falsos valores de los que todos los maestros espirituales nos alertan, e insiste en la necesidad de un recto pensar, pero también recuerda que no hay recto pensar sin conocimiento propio, es decir de nosotros mismos, de lo que somos, de lo que significamos en este mundo, de nuestras acciones y nuestro comportamiento. Finalmente recuerda la necesidad de tener conciencia de nosotros mismos, de darnos cuenta de lo que somos y que vivimos en el presente, que estamos en el aquí y ahora.

Violencia y pasado animal

A veces la violencia es consecuencia de nuestra educación infantil, de los condicionamientos impuestos, de los falsos valores que inducen a luchar por causas raciales, falsas creencias. Educación que nos conlleva a odiar a otras personas por el mero hecho de ser distintas, de creer en otras cosas o de vivir en otros lugares. Irlanda del Norte tuvo uno de los ejemplos más dramáticos del siglo XX, el odio entre cristianos y protestantes que les llevó a una violencia entre ellos cuyas consecuencias aún se arrastran entre los habitantes de un mismo pueblo o barriada.

Para muchos antropólogos y etólogos la violencia es consecuencia de nuestro pasado animal, de nuestro instinto de cazador, de la necesidad de ser violentos para sobrevivir. Vienen a decir que somos criminales porque descendemos de monos depredadores.

«Porque son agresivas, se mantienen las especies y los individuos. De esta manera pueden protegerse y proteger a los suyos. La agresividad no es buena ni mala, forma parte de la definición misma de lo vivo.»

Konrad Lorenz

Osho y los maestros espirituales son más propensos a mantener que son los falsos valores que nos han inculcado los responsables de la violencia, y que es la falsa aceptación de las ideas de los demás lo que desencadena el enfrentamiento. Así tenemos que las ideologías políticas no democráticas o antidemocráticas son las que han llevado a millones de personas a los paredones, o la muerte en campos de concentración; pero también las creencias religiosas integristas han quemado, lapidado y asesinado a millones de personas. El fanatismo es incapaz de aprender de la experiencia, repite constantemente las mismas brutalidades.

«Mientras el sacerdocio profesional con sus prejuicios organizados justifique la intolerancia y la liquidación de otro ser por el bien de nuestro país y la protección de nuestros intereses e ideologías, habrá guerra.»

Krishnamurti (1945-1946)

Destaca Osho que lamentablemente vivimos en un mundo rodeados de violencia. En el que cada día vemos muestra de ella por televisión, en los periódicos y, en ocasiones, en las calles de nuestras propias ciudades. La televisión no solo nos informa de hechos violentos que transcurren en el mundo, sino que nos recrea con espectáculos violentos o películas donde la violencia es lo más común. Las recreaciones de violencia en la televisión o en los videojuegos tienen un impacto desestabilizador en la mente de los niños y adolescentes, porque se les incita a creer que la violencia es normal en el mundo y en el comportamiento de las personas.

«La violencia es identificación con nuestro pasado animal.»

Osho

¿Cuáles son los caminos contra la violencia?

Todos llevamos en nuestros genes una herencia animal que tiene rasgos depredadores, violentos, pero como dicen todos los maestros espirituales hay que reprimir lo animal, hay que escuchar nuestro corazón y recurrir al razonamiento.

Osho insiste en que hay que reprimir lo animal, hay que buscar el lado humano de nuestro ser. El camino más natural para combatir la violencia reside en el conocimiento de nosotros mismos, sin ese conocimiento nuestro comportamiento es instintivo y, en consecuencia, tiene brotes violentos debido a nuestro pasado animal.

Conocernos a nosotros mismo implica reconocer por qué hacemos determinados actos, por qué estallamos en determinados momentos, levantamos la voz o perdemos los nervios. Conociéndonos a nosotros mismos podemos reflexionar y preguntarnos por qué nos hemos portado de tal manera en determinadas ocasiones, ¿por qué hemos sido violentos?

La agresividad que experimentamos no siempre es consecuencia de nuestro pasado animal, en ocasiones el entorno puede ser un detonante. Es por esta razón que debemos elegir entornos pacíficos, lugares que no inciten a la violencia, personas que nos inspiren paz y bienestar. Debemos elegir relacionarnos con aquellas personas que nos aporten su saber, su inteligencia, sus conocimientos, su armonía y equilibrio. Debemos evitar aquellas personas que nos depriman e idioticen, huir de los mediocres y de los violentos.

«... la represión, las torturas, los crímenes, las guerras, en una palabra, esa maldad humana que nos envuelve hoy en día con sus terrores por toda la redondez del planeta, es una consecuencia de la insuficiente adaptación al mundo de la técnica.»

Konrad Lorenz

Finalmente destacar que la ira, la cólera, no solo daña nuestro espíritu, sino también deteriora nuestra salud física. Todo estado de violencia significa una alteración del ritmo cardíaco, de las sustancias corporales, de la armonía y equilibrio humano. Las personas violentas tienen más probabilidades de engendrar enfermedades que las personas pacíficas. Es cierto que todos podemos contraer un virus, pero cuando el cuerpo está en armonía las defensas fisiológicas están más altas. Son las personas violentas las que son más propensas a enfermedades nerviosas, o tumores, a dolencias físicas y a desequilibrios mentales. La violencia engendra energías negativas y en consecuencia deja de estar en sintonía con el cuerpo. Si la mente está perturbada solo produce multiplicidad de las cosas, pero si la mente está serena y quieta desaparece esta multiplicidad.

Y regresamos, una vez más, al único camino que nos puede liberar de todos los males que nos aquejan: la meditación. La meditación es la mejor fórmula para aquietar nuestra mente, para inundarnos de paz y convertirnos en seres nos violentos. La meditación es la fórmula que nos recomiendan todos los maestros espirituales para aquietar nuestra alma y nuestro espíritu. Es la única salida que puede reconducirnos a la paz, a la búsqueda interior y a la pacificación de nuestro ser. La meditación es un diálogo interior contrario a la acción exterior. Es una atención que nos hace escuchar, que hace darnos cuenta de que en realidad no estamos atentos. Hay que escuchar nuestro cuerpo sin juicios, sin referencias, simplemente escuchar todas las situaciones de la vida cotidiana, mirando desde la totalidad.

La meditación es felicidad, y la felicidad nos aporta armonía y equilibrio interior, dos factores que se convierten en barreras contra la enfermedad y la maldad. Recordemos que el chamán Igjugârjuk le dijo en 1930 a Rasmussen que creía plenamente que todo mal huía de los lugares donde la gente era feliz.

7.

Meditación, danza y música, componentes de la escuela de Osho

En busca del mundo del silencio

En Mumbai, antigua Bombay, en Pune, India, Osho creó Resort de Meditación, un lugar de retiro donde se imparten una serie de programas basados en la visión mística y espiritual de Osho. Los huéspedes se alojan en este lugar tranquilo y alejado del suburbio conocido como Koregaon Park para relajarse y meditar, para practicar estas actividades a veces en silencio y otras veces acompañados de músicas dinámicas diseñadas por el propio Osho. Veremos a lo largo de este capítulo la importancia que tiene el silencio y la música en la escuela de Osho, algo que este maestro espiritual ha heredado de antiguas tradiciones de la India, y que también han practicado escuelas como la sufí y más modernamente la de Gurdjieff.

Para Osho el silencio es uno de los componentes del crecimiento interior, motivo por el cual induce a la meditación a sus discípulos, ya que esta práctica favorece el silencio interior, limita la verborrea mental y lleva a un estado de relajación al cerebro. La verborrea cerebral nos coloca en una irrealidad, nos condiciona y nos domina.

«El lenguaje es una falsificación porque coloca las cosas en una línea.»

Osho

La soledad, el retiro espiritual es uno de los componentes básicos para el crecimiento, pero sus peores enemigos son los apegos y el miedo a la soledad que crece, especialmente, cuando uno tiene apegos a otras cosas, a otros entornos bulliciosos, a otros valores y personas. El cerebro y los yoes que lo componen, como ya explicamos en otra parte de este libro, tiene miedo al silencio, porque deja de dominarnos con su verborrea y entra en otra realidad distinta a la que el sistema social le ha inducido a vivir. Pero una vez superado este miedo, una vez conseguido el silencio, el cerebro empieza a sentirse gratificado con una armonía interior que desconocía. La soledad es, por tanto, la búsqueda de la armonía interior y a la vez armonía exterior ya que nos convierte en uno con la naturaleza.

El mundo del silencio ayuda a interiorizarse, a buscar el vacío, a sentir la verdadera realidad de la meditación. Todos los retiros espirituales tienen el componente del silencio.

El sonido de los mantras para alcanzar el silencio

En ocasiones la meditación puede ayudarse con pequeños sonidos que estimulan al proceso, sonidos que pueden ser producidos por nuestra propia voz, repitiendo siglas sagradas, como «Om», o a través de instrumentos: una campanilla, un tambor, etc. La repetición de siglas sagradas es conocida como mantra, una fuerza que pone en funcionamiento la energía contenida en el Universo, una energía capaz de aportarnos armonía, equilibrio y felicidad.

«Necesitas más energía para destrozarte a ti mismo que para construir un poquito de felicidad.»

Krishnamurti

Recordemos que Pitágoras tenía una escuela en la isla de Trotona donde enseñaba sus ideas acerca de los misterios del Universo. En esta escuela había diferentes niveles de enseñanza: *acoustici*, referente a la música y el uso del monocordio; *mathematici*, referente a los números y el control mental; y *electi*, el tercer y más alto nivel de iniciación, en el que se aprendía los secretos de la transmutación psíquica y de la sanación por medio del sonido y la música.

Los mantras, que también se utilizan en la escuela de Osho, son una vibración, una longitud de onda que pone en marcha la evolución del cosmos manifestado. Estos sonidos son una forma potencial para entrar en contacto con la naturaleza oscilante de la materia. Se dice en Oriente que todo el Universo exterior proviene de un sonido primordial que se divide, aproximadamente, en cincuenta vibraciones.

En la India persisten muchas leyendas sobre la creación en las que el sonido es un elemento primordial. Se dice que fue la flauta de Krishna la que hizo nacer el mundo. En el relato Matsya Purana se describe a Markandeya, estudiando el simbolismo de Maya donde un majestuoso ganso silvestre poseía una respiración que era la melodía mágica de la creación y la disolución del mundo.

«El sonido sagrado existe, y su mera pronunciación puede invocar la experiencia sagrada, los sonidos son capaces de transformar la materia.»

Fred Alan Wolf

La realidad es que los mantras facilitan la concentración en la meditación, protegen al cuerpo de influencias psicológicas negativas y sirven para concentrar la mente. Los mantras son una vibración en el silencio que requiere la meditación. En realidad existen tres etapas del empleo de los mantras:

* Etapa exterior. En esta etapa el sonido del mantra se pronuncia en voz alta.
* Etapa intermedia. El sonido del mantra se pronuncia en voz baja, apenas audible.
* Etapa interior. El sonido del mantra se repite silenciosamente dentro de la mente. Esta etapa es la más poderosa, pues las vibraciones resuenan y circulan por los chakras. Se trata de una etapa en la que se regresa a la meditación en silencio, una etapa que potencia la psiquis y mueve el espíritu hacia la reunión con fuentes primordiales.

Finalmente destacaremos que el mantra por excelencia es OM, el sonido original y más poderoso que forma parte de casi todos los mantras que existen, y sirve para invocar a las más puras y supremas vibraciones. Es el mantra más importante y Osho destaca como hecho que apareció por primera vez en el Mundana Upanisad.

La danza como camino de trascendencia

La escuela de Osho combina meditación y danza, con músicas dinámicas diseñadas por el propio Osho, ya que la danza acompañada de la música ayuda a meditar, transporta a un éxtasis momentáneo y a una espiritualidad que sumerge en la trascendencia.

La India tiene una gran tradición en la danza como camino trascendente, como algo sagrado y armonioso. La danza constituye los principios creativos con Braham y su energía divina Saraswati; también tenemos el principio trascendental enmarcado por Shiva y la energía de Kali; y el principio conservador de Vishnú y su energía Lakshni. La danzarina tiene una importante presencia en los templos de la India, porque tiene a la vez el poder de

iniciar el proceso de rejuvenecimiento sexual. Los maestros hindúes descubrieron que a través de la danza se conseguía el control de las funciones corporales, uno de los caminos para alcanzar el control de la mente y de la trascendencia.

«La canción simboliza el mantra; la danza, la meditación.»

Hevajra Tantra

Fue George Ivanovich Gurdjieff quien introdujo en Europa a los danzantes derviches giravoltes de las órdenes sufíes. Estos danzantes son la expresión máxima de la meditación y la danza conjuntamente. Los derviches giran y giran en una danza circular de impresionante contemplación y éxtasis, con la mano derecha elevada como símbolo de atracción de la luz a la tierra. Es una danza que los transporta a un estado trascendente en el que están presentes y ausentes al mismo tiempo. Danzan entre la multitud, pero su corazón vuela lejos de ella. En el transcurso de esta danza su conocimiento está más allá de las percepciones humanas; viven momentos de trascendencia que solo pueden ser experimentados, ya que se trata de un camino de búsqueda de la paz interior dentro de una ceremonia mística que es la representación del eterno girar de los astros alrededor del sol.

«Cesa, hombre, de llorar y gemir; goza de esta hora de sol brillante; bailamos al borde helado de la Muerte pero, ¿es bailar menos divertido?»

Richard Burton, *The Kasidah of Haji Abdu El–Yezdi*

Cuando la escuela de Osho nos propone danzar al compás de sus músicas dinámicas no está haciendo otra cosa que proponernos un estado de éxtasis meditativo. Meditamos y danzamos a la vez; buscamos el silencio y escuchamos las melodías propuestas; nos dejamos ir arrastrados por la música pero nuestros cerebros mantienen un pleno dominio de nuestro cuerpo, ya no está en verborrea, ahora es toda armonía. La música se convierte en el camino meditativo que induce al silencio, la concentración, el equilibrio, el aquí y ahora.

8.

Una falsa

concepción del

tiempo

Pasado, presente y futuro

Para Osho y los maestros espirituales, igual que para los científicos especializados en física cuántica, solo existe el presente. Vivimos un eterno presente, esta es una realidad que defenderemos en este capítulo. La visión materialista es que vivimos para el futuro, pero la realidad es que el futuro es un presente que nos invade constantemente. Por tanto, estamos mucho más cercanos a la visión espiritualista que nos asegura que vivimos el presente.

«Morimos al final de un pensamiento y renacemos en el siguiente.»

Swami Nityabodhananda

El presente es algo eterno, siempre estamos viviendo en el presente, todo acontece en el presente. Jamás tenemos la experiencia de que el presente se acabe, incluso si muriésemos no estaríamos allí para sentir que nada se acabe.

El lector puede argumentar que también existe el pasado. Evidentemente existe un pasado, pero cuando pensamos en el pasado, lo único que realmente reconocemos es cierto recuerdo, pero ese recuerdo es, en sí mismo, una experiencia del presente. No podemos regresar al pasado para modificar nada de este, los hechos acontecidos son inmodificables, los errores cometidos no pueden cambiarse, los momentos de alegría y placer son irrecuperables. Aunque repitiésemos las mismas acciones siempre sería distinto. No nos engañemos estamos viviendo un eterno presente, siempre estamos en el presente, en el aquí y ahora.

Los maestros espirituales insisten en la necesidad de comprender que el tiempo no existe, que vivimos un continuo presente. La mente nos engaña creando etapas como el pasado y el futuro, nunca estamos en el pasado ni tampoco en el futuro, siempre estamos en el presente.

El tiempo es una invención del hombre

El tiempo es una invención del hombre para medir fenómenos de la naturaleza. El tiempo es asimétrico. Una prueba de ello es que recordamos el pasado, pero no el futuro.

En la moderna física cuántica la noción del tiempo no existe. Los físicos saben que la llamada flecha del tiempo nos hace recordar el pasado y no el futuro, pero a escalas muy pequeñas, escalas cuánticas, como la escala de la longitud de Plank (1/10 seguido de 33 ceros, 17 veces menor que la magnitud de un protón) la noción del tiempo no existe.

«No vivimos en el tiempo, vivimos el tiempo. La autenticidad del ser se enfrenta a la artificiosidad de la existencia en el tiempo.»

Heidegger, *Ser y tiempo*

Para los maestros espirituales de Oriente esta noción del tiempo es verdaderamente el eje de su enseñanza. Siempre han insistido en el hecho que debemos estar presentes, y estar presentes es no estar pensando en el pasado ni imaginar el futuro, sino vivir el presente como lo único que existe. La mente siempre intenta trasladarnos a recuerdos del pasado o proyectos del futuro, parece como si no quisiera vivir el presente que es la única realidad que existe. Pasado y futuro no son más que una ilusión, un espejismo de algo que no existe en el presente. Robert Earl Burton, en *Recuerdo de Sí*, destaca: «Todo es ilusión salvo el presente. Para estar presente hay que interesarse más en lo que nos rodea que en la imaginación. Cuando uno se aferra al presente la conciencia es divina». De ahí la insistencia de los maestros espirituales en vivir el presente, en observar lo que nos rodea, en ser conscientes de lo que pasa en nuestro entorno, en vivir solo la experiencia cotidiana en el aquí y ahora, porque es uno de los caminos que potencia nuestra conciencia y la hace divina.

«La realidad no cambia, pero tu percepción de la realidad cambia a medida que tu conciencia cambia.»

John White, *Qué es la iluminación*

Como destaca John White la realidad no cambia, pero hay muchas posibilidades de ver esa realidad. Si nuestra conciencia cambia la realidad que vemos, ya es distinta. Y eso es lo que pretenden las enseñanzas espirituales, que nos demos cuenta que solo vemos una parte de la realidad, pero que si evolucionamos, si nuestra conciencia crece, captaremos esa realidad de otra forma distinta.

«Nosotros no experimentamos realmente el mundo externo; solo captamos una porción muy refinada del mismo.»

Robert Ornstein

Por otra parte, al recordarnos y ser conscientes, al vivir con atención y estar en el presente, nos liberamos de la «ley del accidente» que mencionaba Gurdjieff, o lo que otros han llamado «los caprichos del destino». Nos liberamos de estos sucesos porque nos damos cuenta de lo que está ocurriendo, entonces podemos decidir aceptar lo que acaece o tratar de transformarlo. Es decir, si vivimos el presente somos conscientes de lo que realizamos, de las decisiones que tomamos, no actuamos como máquinas, podemos sopesar los acontecimientos y nos liberamos de muchos accidentes y decisiones equivocadas.

La relatividad de medir el tiempo.

Podemos dividir el día en horas, minutos y segundos, pero solo es una forma astronómica para administrar ese espacio entre el día y la noche. Una fórmula que depende del planeta donde estemos ubicados y la velocidad a la que gire. En otros planetas ese espacio relativo de tiempo sería distinto, e incluso se puede dar el caso que sea irregular.

> *¡Qué raro! ¿En tu planeta los días duran un minuto!*
> *Un día vi ponerse el sol cuarenta y tres veces.*
> Antoine de Saint-Exupèry, *El principito*

Existen una serie de acontecimientos en la vida de las personas en los que el tiempo rompe todas sus barreras. Uno de estos momentos es durante la meditación, razón por la que recomiendan todos los maestros espirituales esta experiencia interior y trascendente. Es cierto que en el transcurso de la meditación el tiempo cronológico exterior sigue su ritmo, pero en el cerebro no pasa lo mismo. En ocasiones, durante las meditaciones avanzadas, parece como si el tiempo se hiciera eterno. El sujeto deja de tener una percepción del tiempo para sumergirse en un eterno presente que gratifica su cerebro sin ninguna noción materialista ni cronológica. Parece como si se haya estado meditando diez minutos cuando en realidad hemos permanecido horas en aquel estado de bienestar. Son instantes en los que se ha alcanzado la vacuidad y ningún objeto ha aparecido en la conciencia. Se experimenta una sensación de libertad y de no estar atado a nada de lo que nos rodea, incluso el tiempo. El meditador se encuentra en un espacio abierto, una vacuidad. Son instantes en los que uno no es nada de lo que pueda ver o aferrarse. No hay esfuerzo, ni tiempo. En la meditación llega un instante en que el tiempo desaparece, solo se mide fuera de uno mismo, en el interior de la mente ya no fluye, se vive un eterno presente.

La experiencia de la meditación es capaz de romper las barreras del espacio y tiempo. Pero también ocurre lo mismo cuando sufrimos un percance grave y por un momento, como un destello o chispa, vemos la película de nuestra vida. Se trata de una experiencia que solo acaece cuando uno está muy cerca de la muerte.

En ese instante vemos la película de nuestra vida, nuestra infancia, nuestra adolescencia, nuestra edad adulta, un montón de imágenes que atraviesan nuestro cerebro en «instantes». Si, tras el acontecimiento de peligro, que ha podido transcurrir en segundos, recapacitamos y tratamos de recordar todo lo que hemos visto en esa película, cuyo principal protagonista somos nosotros, apercibiremos que para recordar todas aquellas imágenes necesitamos mucho más tiempo que el transcurrido en el momento que hemos sufrido el percance y la experiencia de la «película» mental. Nos daremos cuenta que re-pensar en todo lo que hemos visto requiere horas, sin embargo, en aquel instante ha transcurrido como un relámpago, rompiendo las barreras del tiempo dentro de una mente cuántica.

Upanisad y mente cuántica

«El proceso de soñar, que permite romper las barreras del espacio y el tiempo, es mucho más sofisticado y complejo que el proceso de pensar.»

Eduard Punset

Soñar es otro acontecimiento en el que se rompen las barreras del tiempo. Un sueño que nos ha parecido algo que ha durado toda la noche, solo ha transcurrido durante unos escasos minutos o segundo. En ocasiones decimos que durante toda la noche hemos sufrido una inmensa pesadilla, pero en realidad solo ha tenido lugar en un momento de nuestro sueño REM. Pero el sueño no solo es una cuestión de tiempo, sino que también es capaz de retrotraernos personas que ya han fallecido, hechos repetitivos, encuentros inesperados. Por otra parte el sueño contiene una cualidad que ha sido ridiculizada y mal estudiada: la precognición.

En realidad son muchas las personas que han visto acontecimientos del futuro en sus sueños, es decir, que han tenido precogniciones. Son demasiados casos para no darles importancia. Para los expertos en esta materia se trata de una situación onírica en la que se rompen las barreras del espacio-tiempo, y se tiene acceso a visiones del futuro.

Existen muchos casos documentados, según mi criterio mal estudiados o interpretados, pero están ahí.

«Soy simplemente lo que soy… vivo en el presente.»

Henry D. Thoreau

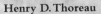

Osho y los maestros espirituales dan una gran importancia al mundo onírico, ya que consideran que es una forma de comunicarse con el más allá, con otras realidades, con otros universos o con los dioses. Su sabiduría es un fundamento filosófico terriblemente compatible con las nuevas teorías científicas. Los Upanisad[6] nos narran conceptos y filosofías que son de plena actualidad, y es más, muchos científicos han encontrado, con sorpresa, que muchas de sus teorías ya estaban intuidas o anunciadas en sus páginas. Destacan que la vigilia es un estado de conocimiento exterior; y el sueño, con sus ensoñaciones, es un estado de conocimiento interior. En realidad, estos textos, no están muy alejados de la concepción que tiene la física cuántica de la realidad. Somos partículas, estamos formados de estructuras subatómicas que están en comunicación con otras partículas que forman el Universo, por tanto formamos parte de esa dinámica autoorganizadora del Universo que hemos identificado como la mente cósmica. Sabemos que nuestro cerebro funciona por procesos cuánticos, es más, la actividad eléctrica de los microtúbulos, que se encuentran en el interior de las dentritas y las neuronas cerebrales, se convierte para algunos investigadores como el verdadero núcleo de la conciencia.

La relatividad del espacio-tiempo es cosa de nuestro cerebro, donde una sección del cortex, tomada al azar, contiene del orden de 600 millones de sinapsis por milímetro cúbico. Habría del orden de l0 elevado a 14 ó elevado a 15 sinapsis en la corteza cerebral. Si se contaran mil por segundo tardaríamos entre 3.000 y 30.000 años en enumerarlas todas.

«Desperdiciamos nuestra energía a causa del conflicto, riñas, miedo y vanidad.»

Krishnamurti

Nuestro cerebro es capaz de desplegar una gran energía que aún desconocemos. En mi libro, *Somos energía*[6], destaco ampliamente esta capacidad y las múltiples formas de cómo la perdemos y la desaprovechamos. Incluso destruimos parte de nuestras neuronas con hábitos insanos y mala alimentación. La parte más insignificante y más pequeña de nuestro cerebro contiene una valiosa información, como ocurre en otros animales e insectos. Sépase que el cerebro de la mariposa monárquica es una manchita de tejido nervioso de apenas unos milímetros de largo, aproximadamente un millón de veces más pequeño que el cerebro humano. Sin embargo, con este cúmulo microscópico de células nervio-

---

[6] Ediciones Robinbook, 2009.

sas, la mariposa sabe utilizar sus patas y alas, caminar, volar y encontrar el camino mediante formas desconocidas de navegación por miles de kilómetros. Ima-
ginemos lo que nuestro cerebro es capaz de hacer y desperdiciamos.

9.
El sexo
según Osho

Osho y su visión del amor y el sexo

En este capítulo abordaremos el tema del amor y el sexo según la visión de Osho, una visión tántrica de algo que ha estado considerado por muchas religiones y sistemas de vida como pecaminoso, sucio o que debe esconderse. El sexo es, aunque muchos quieran negarlo, el motor de la vida. Si existimos es gracias al sexo, y si tenemos descendencia es también porque practicamos el sexo.

«En nada como en el sexo nos parecemos tanto a los animales, porque en ninguna otra cosa somos tan naturales.»

Osho

En Occidente una parte importante de los traumas, los bloqueos, angustias, tensiones, depresiones, fobias y miedos son debidos al sexo. El cristianismo ha contribuido muy especialmente a crear ese cuadro psicopatológico con su represión sexual y el sentido del pecado. La Iglesia cristiana siempre estuvo en contra del placer sexual y la libre expresión emocional de su desarrollo. Su represión fue máxima en el concilio de Trento donde fueron prohibidas por primera vez las prácticas prematrimoniales y se reservó el acto sexual a la estricta fecundación.

«La pornografía es un derivado de la represión religiosa, es mérito de los sacerdotes.»

Osho

No entraremos en todos esos traumas creados por la Iglesia cristiana a lo largo de la historia, y para quién el sexo es aun una asignatura pendiente de la psicología profunda, y donde incluso el matrimonio puede llegar a ser pecaminoso en sus prácticas, como decía san Bernardino «de cada 1.000 matrimonios 999 pertenecen al diablo».

Sin duda es la India, cuna de los maestros espirituales como Osho, la que ha aportado un importante avance en el sexo y la desinhibición de las emociones. En el siglo II aparece el Kama Sutra, que aporta prácticas y posiciones dignas de ágiles faquires. El pene en erección es venerado y los templos se adornan con estatuas eróticas sin que el pudor afecte a nadie, con excepción de las damas inglesas que llegaron a esta península años después con los colonizadores británicos. La religión tántrica, que predica Osho, cultiva la voluptuosidad sexual, a la que considera un medio de liberación. Contrariamente al cristianismo el tantrismo libera el ego, los traumas, los bloqueos, busca el yo interior y el crecimiento personal a través de las más variadas técnicas. La pareja trata de alcanzar la divinidad a través del sexo.

«... la energía sexual transformada y sublimada es el nódulo del sentimiento religioso.»

Osho

Si el sexo es sagrado en la India no lo es menos en el taoísmo, para el que el amor es una alianza entre el *yin*, la fuerza pasiva del sexo femenino, y el *yang*, la fuerza activa y explosiva del esperma. Aquí el *yang* se retendrá al máximo, el coito debe durar el mayor tiempo posible y la mujer esperara ese orgasmo que da a su *yin* una calidad superior. Estamos ante una nueva y tremenda visión del sexo, no hay posesión, no hay una egoísta eyaculación, hay dominio del cuerpo y la mente, hay atención a lo que se está practicando, hay «conciencia sexual», los instintos animales han sido superados en busca de un objetivo superior. Estamos ante una visión diferente de ese desolador acto sexual occidental donde el hombre busca el placer rápido de una vergonzosa eyaculación, donde «echar un polvo» expresa todo ese degradador concepto del acto sexual.

El taoísmo enseña las más profundas técnicas de retención sexual, así el Maestro Tungshuan, siglo VII, nos explica cómo en el último momento el hombre debe cerrar los ojos y concentrase en sus pensamientos, cómo apretará su lengua contra el paladar, curvará la espalda y alargará el cuello, abrirá las ventanas de sus narices, enderezará la espalda, cerrará la boca y aspirará profundamente por la nariz. Así no eyaculará y el esperma volverá a su interior. Si tiene dificultades puede ejercer una presión firme entre los testículos y el ano, utilizando el dedo medio y el índice de la mano izquierda, simultáneamente respirará profundamente, y hará rechinar sus dientes sin retener su respiración.

El sexo en el pensamiento de Osho

Para este maestro el sexo con meditación transforma al ser humano, hasta el punto de asegurar que si aunamos sexo y meditación seremos capaces de reproducirnos a nosotros mismos.

El sexo es para Osho una potentísima energía, más potente que muchas de las energías que conocemos. Se puede decir que el sexo es la energía de la vida.

«La energía sexual de los seres humanos es una energía aún mayor que la electricidad.»

Osho

Con la experiencia del sexo podemos llegar a la profundidad del ser. Ya que con el orgasmo se desvanece el ego y se anula el yo. Se trata de un momento en el que el tiempo deja de existir durante unos instantes. Es un estado modificado de conciencia en el que se está más allá del tiempo. Algo parecido a la iluminación. Sin embargo, hemos visto como las religiones luchan contra el sexo, como si temieran que a través de él se alcanzase la iluminación. Las religiones nos han enseñado, condicionándonos y asustándonos, a reprimir el sexo, a luchar contra el sexo. Para Osho, de esta lucha de las religiones contra el sexo, han derivado muchas perversiones.

«El cristianismo ha dado veneno a Eros. Eros no ha muerto pero ha degenerado en vicio.»

F. Nietzsche, *Así habló Zaratustra*

Según Osho, las religiones se oponen al sexo porque es la única manera de hacer sentir culpable a la gente, la única manera de reducirlos al estado de pecadores, de que se sientan culpables y tengan miedo. Las religiones han explotado el miedo a la muerte y el miedo al pecado sexual. Y se oponen al sexo porque el sexo genera energía. Una energía, que como hemos mencionado antes es terriblemente poderosa.

El egoísmo como enemigo del amor y el sexo

El camino del sexo empieza por el amor y hay que aceptar el amor tal y como es, con naturalidad, viviendo su plenitud. Osho nos pone en guardia ante el problema del amor y el ego, destacando que el «yo» interior nos incapacita para fundirnos con la otra persona. Ya que forma parte del egoísmo hacia uno mismo, y una persona egoísta difícilmente puede llegar a amar a otra, a lo sumo pretenderá dominarla, pero el dominio no es amor. El egoísmo es el principal enemigo del amor y del sexo por el hecho que nos lleva a pensar solo en uno mismo, en lo que nosotros queremos, en nuestro bienestar y en nuestro placer. El egoísmo no considera al otro como parte de nosotros, en realidad lo que hace es distanciarnos del otro, como dice Osho: los cuerpos se aproximan, pero las personas siguen estando alejadas.

Es la sensación del yo la que disuelve la sensación del otro. El amor es solo uno, es unidad del todo. La otra persona también eres tú y deja de existir el yo.

«Mediante el sexo se experimenta la ausencia del ego y del pensamiento.»

Osho

Destaca Osho que el amor forma parte del sexo, en realidad no hace una diferenciación sustancial entre amor y sexo, ya que para este maestro todo lo que es bueno, bello y auténtico solo puede experimentarse, y en consecuencia el sexo es algo que solo puede experimentarse.

Lamenta Osho que se ve más el amor entre animales y plantas que entre los seres humanos, y puntualiza sobre este aspecto que tanto los animales como las plantas son seres carentes de religión y cultura, dos aspectos que han contribuido a neutralizar el amor y el sexo.

La falta de amor es debida a muchas causas pero, como ya hemos mencionado, es el egoísmo su principal causa. Otra de las circunstancias de la falta de amor es que lo buscamos en el exterior, cuando el amor hay que buscarlo en el interior, en nuestra naturaleza más intrínseca. Por tanto, el amor se convierte en una disciplina que no se aprende, que no hay que enseñarla, que brota de nuestro interior. Sin embargo, a veces, no se manifiesta.

Los maestros espirituales nos alientan a buscar las causas por las cuales el amor no se manifiesta en nosotros. Y destacan que se deben a las barreras que le imponemos, unas veces por condicionamientos sociales y otras veces por nuestro egoísmo o miedo.

El egoísmo es sin duda la barrera más importante, ya que significa entregar una parte importante de nuestros sentimientos a la otra persona. También tenemos miedo que con el amor nos ablandemos y que eso signifique cierta debilidad de nuestro «yo» interior. El miedo a la perdida de nuestra libertad y vulnerabilidad es otra causa importante. En realidad la cultura y la religión han estado siempre en contra del amor y el sexo, y cuando han apoyado el amor ha sido siempre de una forma puritana muy distante a la cultura del tantrismo.

El amor, al margen de ser raíz de vida es una energía sexual transformadora, pero las religiones y la cultura nos han puesto en contra de esa energía, incluso nos han exhortado a negarla.

«Si la pasión se transforma la esposa puede convertirse en madre; si la lujuria se transforma, el sexo puede convertirse en amor.»

Osho

Cómo abordar el sexo

Como cualquier aspecto de la vida, el sexo requiere una serie de pasos para poder ser abordado como la realidad que es: algo sagrado.

El sexo es como aproximarse a un santuario, no es algo que se deba tomar a la ligera, es un proceso sagrado, es un estado que requiere pureza, armonía, sinceridad y respeto.

El sexo no es algo de una sola persona, por tanto hay que considerar al otro componente, vaciarse de egoísmos y buscar el verdadero amor en nuestro interior.

Según Osho la experiencia sexual nos acerca al Creador, ya que en esos instantes sagrados somos dadores de vida.

Indudablemente el sexo no es algo que debamos abordar con odio, hostilidad o visión condenatoria. Estas circunstancias son las que hacen crecer una barrera con lo divino. Si nos acercamos al sexo con irritación el sexo de convierte en irritación.

«Quienes se introducen en las profundidades del sexo llegan a sentir que un momento de fusión no tiene límites.»

Osho

Todos los maestros espirituales insisten en que debemos abordarlo como algo sagrado, divino. Osho, las técnicas tántricas y la misma Kundalini, destacan que hay que abordar el sexo de igual modo que uno se aproxima a un santuario. Sin odio ni hostilidades, sin tristeza, sin mal humor y con alegría, ya que si creamos barreras jamás experimentaremos lo divino que hay en el sexo. Por este motivo hay que considerar a la pareja como a una diosa o un dios. Como destacan las técnicas transpersonales, hay que practicar el sexo convirtiéndose en testigo, dándose cuenta, no dejándose ir como un animal. Y hay que tener en cuenta que cuando el sexo es tántrico existe transmutación, pero eso solo pasa cuando uno es testigo. Es por esta razón que Osho insiste en la práctica del sexo tántrico.

El Tantra como sexo sagrado

El Tantra está considerado como el sexo sagrado. En la práctica de sexo tántrico se utilizan todos los sentidos, la mente y el espíritu. También se recurre a ritos y técnicas para fomentar el hábito de una espiritualidad oculta. La unidad es la base de todo.

El Tantra es un camino espiritual heterodoxo y ecléctico porque participa de las demás creencias, rebasándolas. El hinduismo tántrico no es una religión, no es una Iglesia, una institución y no se confunde con la moralidad. Así no hay discusiones filosóficas, solo se busca la liberación, el despertar, el encuentro con la conciencia de Shiva, y este encuentro solo tiene un camino: la experiencia.

«Existen dos vías para alcanzar la conciencia: el sexo y la meditación.»

Osho

El Tantra mantiene que el cuerpo humano está compuesto de canales (*nadis*) que forman una malla. Los principales son Ida, Pingala y Sushumma que recorren la espina dorsal formando dos serpientes entrelazadas sobre una línea horizontal que desemboca en lo alto de la cabeza. Por otra parte, por los *nadis* circula el *prana*, la energía cósmica.

El Pancha Ttattva es la ceremonia tántrica por excelencia

Este rito bengalí se divide en cinco partes que son: Mudra(cereales), Matsya (pescado), Mamsa (carne), Madya (vino) y Maithuna (acto sexual).

En el Maithuna las polaridades energéticas de la pareja se funden, y la Kundalini (también llamada Parameshwari) asciende a través del canal central próximo a la columna vertebral (sushumma), atravesando los chakras hasta desembocar en lo alto de la cabeza donde se disuelve en la eternidad del sin tiempo y espacio y se integra en una nueva realidad.

Este rito bengalí, por su carácter sexual, merece ser conocido, por lo que procederemos a añadir una breve explicación de su práctica.

* Para su práctica debe elegirse una pareja a quién se admire, alguien a quién respetemos y con el que tengamos armonía. Se trata de un rito que no precisa de oscuridad total, pero el lugar debe ser agradable y cómodo. Se iluminará con dos velas y se perfumará con incienso.
* Los bengalíes depositan junto al lecho una bandeja con alimentos recién cocinados, así como agua fresca y algún tipo de vino.
* La pareja debe bañarse antes del encuentro, pueden realizarlo por separado o juntos.
* Tras el baño procederán a darse mútuamente un masaje perfumado. Especialmente en la nuca, brazos, pechos, vientre, muslo y pies. Se evitarán las zonas erógenas con el perfume.
* La mujer se pondrá una tela roja a su alrededor.
* Ambos iniciaran un ejercicio respiratorio, sentados uno frente al otro en el lecho.
* Durante este ejercicio se concentrarán mentalmente en el centro del sexo, localizado entre el ano y los genitales, donde mora la Kundalini.
* Procederán a iniciar los primeros roces entre ellos, suaves y cariñosos.
* Si se desea se puede comer o beber algo durante estos primeros tanteos.

* Durante la bebida se mencionan los nombres de Shiva y Parvati. Se medita nuevamente pensando en la Kundalini con el deseo de experimentarla. Seguidamente el hombre desnuda a la pareja diciéndole: «Tu eres quién despiertas el conocimiento puro y la encarnación de todas las dichas».

* El hombre recorrerá con las yemas de sus dedos todo el cuerpo de su compañera.

* Tocará sus pezones dos veces, haciendo un movimiento circular alrededor de estos. Luego procederá a acariciar sus partes genitales.

* Puede, si lo desea, separar los labios de la vulva y hacer uso de su lengua para incrementar la fuerza del despertar.

* A continuación el hombre marcará el cuerpo de la mujer con ceniza de kum-kum. Usará tres dedos de cada mano para trazar líneas paralelas.

* Ahora, la mujer seguirá el mismo procedimiento con el hombre y recorrerá sus partes más sensibles con sus labios, especialmente el glande.

* Seguidamente ambos se tenderán en el lecho de lado y respirarán profundamente, juntando ritmos de respiración.

* La mujer se situará encima del hombre, con manos y dedos entrelazados y caras juntas.
* El hombre introducirá su lingam (pene) en el yoni (vagina) de ella, de forma que comience la sagrada y divina unión sexual.

«Cuando la diosa durmiente Kundalini se despierta mediante la gracia del maestro, todos los lotos sutiles y las ataduras mundanas son traspasadas a la vez.»

Shiva Samhita

Recordemos que para la práctica de este rito la pareja ha de purificarse, el sexo debe convertirse en un acto meditativo y creativo, viviéndose sin pasión. El sexo debe ir más allá del placer y convertirse en un acto sagrado. El hombre verá a la mujer como a una diosa y esta verá al hombre como a un ser divino.

Finalmente, destacar que los ritos tántricos producen los siguientes efectos: Una experiencia mística intensa. Una experiencia sexual profunda. La unión del individuo con el Ser Supremo y el Cosmos.

«Nuestra energía vital tiene una sola salida, la animal, y esa salida es el sexo.»

Osho

Algo más sobre la Kundalini

En innumerables conversaciones hemos oído hablar de la Kundalini, son muchos los que se refieren a esta palabra dándole una connotación sexual, posiblemente por que han oído que se trata de una fuerza que se encuentra cercana al chakra genital, y consideran que cuando se habla de despertar la Kundalini se está hablando de despertar el sexo. Pero en realidad se está hablando de despertar un poder espiritual que duerme enrollado en todos los seres y que confiere la liberación y el conocimiento. La relación que existe con la sexualidad es debida a la existencia de prácticas tántricas sexuales que están destinadas a liberar la Kundalini en el momento del acto sexual.

La Kundalini es una gran fuerza espiritual que yace recogida en la base de la columna vertebral. Bajo ciertas condiciones, se puede lograr que esta fuerza se despierte y se irradie hacia el cerebro. No es una experiencia grata para aquel o aquella persona que la experimentan por primera vez, ya que no se sabe en concreto lo que está ocurriendo y, a grandes rasgos, es como si «algo» de gran fuerza subiese desde la base de la columna vertebral por la parte central de nuestro cuerpo abriendo, de forma violenta, todos los chakras hasta llegar hacia la parte superior de nuestro cráneo por donde parece querer escapar, si lo consigue el sujeto entra, según los psicólogos transpersonales, en un estado modificado de conciencia, según los grandes maestros de la India, establece contacto con el Cosmos y alcanza una iluminación espiritual.

«Cuando logras la Kundalini de forma tal que comienza a movilizarse por sí sola, necesariamente se da origen a un mundo totalmente diferente al nuestro. Es un mundo de eternidad.»

Carl Jung (Comentarios Psicológicos acerca del Yoga Kundalini)

La Kundalini es la experiencia meditativa culminante del Hata Yoga, ya que a través de esta meditación se despierta y se hace ascender a través de los chakras el poder divino que yace dormido en todos los seres. Según la tradición hindú, la fuerza básica pasiva masculina, Siva, reside en el séptimo chakra ubicado en lo alto de la cabeza. El poder femenino, activo, duerme enroscado en la base de la médula espinal, junto al primer chakra. Como ya he mencionado es un poder espiritual que, cuando se despierta asciende en forma de espiral, llevando a la unión del estado supremo de conciencia y de iluminación espiritual.

Los chakras, puntos para meditaciones específicas

La Kundalini se mueve por un canal que, según el hinduismo, solo tiene su contrapartida en el cuerpo astral. Un desplazamiento por los siete cuerpos psíquicos o chakras que corresponden a los plexos nerviosos y a la médula espinal.

Los chakras, según la tradición hindú, tienen cada uno de ellos una interpretación muy amplia. El lector, si lo quiere, puede meditar en un chakra concreto que crea tener adormecido o bloqueado. Para ello ofreceremos más adelante una breve y simple meditación.

Muladhara, chakra ubicado en el extremo inferior de la médula espinal que corresponde al plexo sacro. Se representa en los mandalas con cuatro pétalos, su color es el carmesí, y los mantras asociados para su vibración de sonidos son: *lam, vam, sam, sham*. La tradición hindú destaca que la meditación en este chakra facilita el control de la mente y de la respiración y desvela los secretos del pasado, presente y futuro.

Suadhisthana, ubicado en la región de los órganos genitales, corresponde al plexo prostático. Se representa en los mandalas por seis pétalos de color bermellón, con el sonido de los mantras: *vam bam, bham, mam, iam, ram* y *lam*. Su meditación está relacionada con el elemento agua, la intuición y la eliminación de impurezas.

Manipura, ubicado en el ombligo, corresponde al plexo solar. Se representa con un mandala de diez pétalos, su color dominante es verdusco y sus mantras son: *ram dham, nam, tam* y *pam*. Se trata de un chakra específico para una meditación que quiera librarnos del miedo al fuego y las enfermedades.

Anahata, en el corazón, corresponde al plexo cardíaco. Con un mandala de doce pétalos de color rojo profundo, mantras como: *yam, ñam, gam, nam*, etc. Su meditación está indicada para despertar cualidades puras, amor e incluso poderes psíquicos.

Vishuddha, en la garganta, corresponde al plexo laríngeo. Con un mandala de dieciséis pétalos con predominio del color violeta. Y mantras como: *ham am, im, um, rm, lm, em, aim, aum*. Su meditación confiere un gran conocimiento en la tradición hindú, el conocimiento de los cuatro Vedas.

Aña, en el espacio entre ambas cejas, corresponde al plexo cavernoso. Con el color azul dominante con dos pétalos y el mantra *Om*. La meditación en este mantra destruye el karma de todas las vidas pasadas, aporta el conocimiento intuitivo. Es uno de los chakras donde los yoguis concentran conscientemente su *prana* en el momento de la muerte.

Sahasrara, en lo alto de la cabeza, corresponde a la glándula pineal. Estamos ante un centro sutil representado por mil pétalos, todo ello dominado por el color oro. Se ubica exactamente en la denominada fontanela, que los yoguis llaman el agujero de Brahma, y por donde se escapará el *prana*. Se trata de un punto de superconciencia.

Meditación para despertar la Kundalini

La meditación para despertar la Kundalini es una de las meditaciones más complejas y difíciles de desarrollar. En realidad no se trata de una meditación específica, ya que existen innumerables técnicas para desarrollarla. Trataremos de ofrecer un compendio lo más sencillo posible para que el lector pueda intentar esta experiencia sin ningún peligro ni esfuerzo exagerado de memorización. Cabe destacar que también será una experiencia en la que el meditador tendrá que trabajar con las sensaciones de su cuerpo, y estar abierto a sentir profundamente.

El esfuerzo vale la recompensa para adquirir un nuevo estado de bienestar y lucidez interior. Jung señala que tras la experiencia del despertar de la Kundalini esta sigue siendo un elemento permanente en la propia vida, y que lo logrado nunca se pierde dejando algo de lo ocurrido en el inconsciente.

* *Iniciamos la meditación en la postura de loto. La espalda perfectamente erguida, los ojos cerrados y concentrados en la respiración.*

* *Realizaremos el recorrido por los chakras recorriendo mentalmente la médula espinal, de abajo arriba, de chakra en chakra.*

* *Realizamos el ejercicio con la conciencia lo más receptiva posible, ya que debemos percibir las vibraciones que nos producirán los chakras.*

* *Recordemos que la Kundalini debe ascender de chakra en chakra.*

❋ Si por cualquier circunstancia apreciásemos que desciende después de haber alcanzado un determinado chakra, deberemos elevarla de nuevo, todo ello con paciencia y concentración.

❋ Visualizaremos los chakras en forma de flor de loto, recordando los pétalos que tienen cada uno y el color predominante, así como su ubicación.

❋ Cuando la Kundalini se despierta se sentirá un brusco efecto como una combustión repentina en un espacio cerrado.

❋ Ahora entraremos en el ejercicio práctico centrando la atención meditativa en el chakra Muladhara, en el extremo inferior de la médula espinal, entre el ano y los genitales. En ese punto concreto visualizaremos una flor de loto de cuatro pétalos de color carmesí. Al mismo tiempo se repetirá el mantra LAM. Como efectos pueden oírse un chirrido de un grillo.

❋ Si se tiene la seguridad de haber activado el chakra anterior, se pasa al siguiente, centrando la atención en el chakra Suadhisthana, en la región de los órganos genitales, que corresponde al plexo prostático. En este punto se visualizará una flor de loto de seis pétalos de color naranja, al mismo tiempo que se repite el mantra VAM. Se dice que cuando la Kundalini cruza el chakra Suadhisthana se oye el tintineo de una ojarca.

❋ Pasaremos al chakra siguiente, Manipura, ubicado en el ombligo y correspondiente al plexo solar. Visualizaremos una flor de loto de diez pétalos de color verdusco, mientras repetimos el mantra RAM. La llegada de la Kundalini a este chakra se caracteriza por el sonido de una campana.

❋ Ahora estamos en el Anahata, el corazón, correspondiente al plexo cardiaco. En este punto visualizaremos una flor de loto de doce pétalos de color rojo, al mismo tiempo que repetimos el mantra YAM. Cuando la Kundalini llega al chakra Anahata se escucha la música de una flauta.

* Antes de pasar al chakra siguiente insistiré en que los sonidos son relativos, cada persona puede escuchar determinados sonidos que no tienen que ser necesariamente los mencionados. Lo importante son las sensaciones, sentir que la Kundalini ha llegado a ese chakra, sentir una vibración específica en el lugar.

* Al pasar al chakra Vishuddha, situado en la garganta, y correspondiente al plexo laríngeo, visualizaremos una flor de loto de dieciséis pétalos de color violeta, mientras repetimos el mantra HAM. La llegada de la Kundalini a este chakra se caracteriza por un sonido cósmico, un crujido profundo.

* Ahora nos centramos en el Aña, ubicado en el espacio entre ambas cejas. En este chakra visualizaremos una flor de loto de dos pétalos de color azulado mientras repetimos, tal y como hemos aprendido en el capítulo once, el mantra OM.

* Para finalizar la Kundalini llega a lo alto de la cabeza, al chakra Sahasrara, que corresponde a la glándula pineal. En este chakra visualizaremos una flor de loto de mil pétalos de color oro.

Algunos efectos que acaecen en el despertar de la Kundalini

Finalmente destacaremos toda una serie de posibles efectos que pueden aparecer durante el ejercicio, especialmente cuando su ejecución es correcta y estamos llegando a los últimos chakras. Se trata de una serie de sensaciones que pueden aparecer y de las que no debemos asustarnos.

* En ocasiones se siente un hormigueo en la médula espinal, un picor que recorre todo el cuerpo. En otras ocasiones pueden producirse ganas de reír o llorar. Cuando la meditación se realiza completamente con los ojos cerrados, se perciben formas como puntos luminosos o figuras geométricas.

* Físicamente podemos notar cómo el ano se contrae hacia el interior del cuerpo, el mentón se tensa y se aprieta contra el cuello, los globos oculares pueden girar, la respiración se constriñe. En ocasiones nuestras manos pueden llegar a moverse al ritmo de una melodía interior.
* La mente se vacía y surge la sensación o experiencia de ser testigo de nuestro cuerpo. No podemos llegar a ver desde fuera y tener una visión alrededor de nosotros.
* En ocasiones da la impresión de que flotamos, que nos encontramos en un estado de ingravidez. También se puede tener la impresión de haber crecido o encogido.
* También observaremos cómo asistimos a un conocimiento intuitivo no aprendido en el exterior.
* Finalmente, si la meditación ha sido correcta, todo nuestro alrededor es radiación interna de luz, brillante y pura.

Este ejercicio nos aportará una nueva fuerza interior, limpia, radiante. Habremos rejuvenecido en energía y habremos envejecido en acumulación.

10.

El Zen y la meditación en la escuela de Osho

Iniciación Zen

Osho recomienda en sus libros la práctica del zen, su meditación y su filosofía. A esta disciplina japonesa, Osho ha dedicado uno de sus libros, *El sendero del Zen,* donde habla del Zen como posible puente para la reconciliación entre Oriente y Occidente, ya que esta disciplina es terrenal y sobrenatural. Antes de abordar la meditación en la disciplina del Zen haremos un breve recorrido sobre este enfoque que se interesa, especialmente, en el presente.

El Zen se ha introducido en la actualidad en Europa y América a través de diversas escuelas. En Japón tienen gran relieve las enseñanzas de Dogen.

Digamos que inicialmente el Zen no es una teología, es una religión cuyo objetivo es el hombre.

«Uno puede ser religioso sin un Dios.»

Osho

Zen es una abreviatura de *zenna*, traducción de la palabra sánscrita «dhyana», en chino «tch´anna», que significa concentración mental, meditación sin objetivo intelectual. El Zen nace en la India en el siglo VI d. C. y llega a Japón, a través de China y Corea, en los siglos XII y XIII de nuestra era.

Tenemos que considerar el Zen como un método, una autodisciplina, aunque está considerado por sus adeptos como una religión, pero no posee textos sagrados cuyos términos tengan fuerza de ley, ni reglas fijas, ni dogmas rígidos. El Zen no se refiere a ningún salvador, a ningún ser divino. El Zen es una escuela del budismo formada en China del encuentro de la doctrina mahayana con el taoísmo desarrollado en Japón. Fue el maestro indio Bodhidharma quién fundo el Zen en China en el siglo VI d. C. En Japón las prácticas Zen datan del siglo VIII. En el siglo XIII, Eisai y Dogem implantaron dos tradiciones distintas, el rinzai y el soto.

El Zen trabaja con la meditación sobre la indagación de la psique. Para el Zen el mundo no es pura ilusión, pero tampoco es una realidad absoluta.

El objetivo del Zen es procurar un alto grado de conocimiento de uno mismo que desemboca en la paz interior. El Zen es no conceptual, no intelectual, predica estar presente en el momento, no estar ni en el pasado, ni en el futuro.

«El milagro es que el Zen no se interesa por el pasado ni por el futuro. El Zen vive el presente. Toda su enseñanza se basa en estar enraizado, centrado, en lo que… es.»

Osho

El Zen es el ser vacío, mirar en la naturaleza de las cosas pero sin ninguna idea, prejuicio ni presunción, ya que hay que aligerar la mente de lo que nos han metido y que nos ha condicionado a ver el mundo de una determinada forma, a pensar como pensamos y a crearnos una serie de valores y creencias que en la mayoría de los casos son falsas. Veamos esquemáticamente algunos conceptos de lo que es el Zen:

* Para el Zen el mundo es uno, nada está separado.
* El Zen no impone códigos, no te dice haz esto o aquello.
* El Zen es silencio, ya que en el momento que se penetra en el mundo de las palabras uno empieza a desviarse y se aleja de la existencia.
* El Zen es un enfoque no teórico de la realidad.
* El Zen no tiene doctrina ni dogma, carece de Iglesia, sacerdote y papa.
* El Zen solo tiene maestros cuya función es enseñar a desaprender al discípulo.
* El Zen no es un desaprendizaje, aunque enseña cómo desechar lo que se ha aprendido, enseña a estar aquí sin ninguna mente.
* En el Zen no hay que hacer nada, uno solo tiene que ser.
* El Zen enseña la iluminación súbita.

«Si abrimos las manos podemos poseerlo todo. Si estamos vacíos podemos contener el Universo entero.»

Dicho de la escuela Zen

Vivir el aquí y ahora

Para el Zen llegar a la verdad es vivir la realidad. Hoy tenemos un saber sobre una realidad, pero nos mantenemos lejos de esa realidad. Por eso, el primer paso en el método Zen es la negación del yo como realidad fundamental de la persona humana y su destino. Se puede afirmar que el Zen no persigue la búsqueda del Absoluto último (Dios), sino, simplemente, el encuentro con la realidad fundamental de uno mismo. Por eso el Zen se convierte en una experiencia, una experiencia personal, intransferible. La idea clave de la práctica del Zen es el «aquí y ahora», por tanto, lo que importa es el presente. Es decir, estar presente en cada gesto y concentrarse en el «aquí y ahora». Esta idea clave nos hace volver a los orígenes, comprendernos a nosotros mismo y conocernos profundamente.

Ser y estar siempre en lo que se hace es el espíritu del Zen. Zen es concentrarse en cada instante de la vida cotidiana, no pensar en el pasado e imaginar el futuro. El lector podrá argumentar que necesitamos pensar en el futuro para ir construyéndolo día a día, evidentemente a veces es preciso pensar en trazar planes para el futuro, pero debe pensarse desde una perspectiva de «aquí y ahora».

Concentrarse es una objetivo en el zen, igual que tener conciencia de que estamos aquí, que no somos máquinas. Concentrarse y tener conciencia es liberarse de multitud de cosas inútiles. La realidad es que los problemas que nos preocupan no tienen la importancia que les otorgamos. Ante la muerte, ¿Qué cosa hay que importe más?

«El budismo Zen no consiste en utilizar tu intelecto discursivo para gobernar el cuerpo. Consiste en utilizar exclusivamente el momento inmediato presente, en no malgastarlo, sin pensar en el pasado o en el futuro.»

Maestro Zen

«La experiencia de la enseñanza significa no poner la mente en las cosas externas.»

Maestro Zen Torei

Destacaremos, finalmente, que el camino[7] de autoayuda sin dependencia de Dios o dioses ha sido definido como una transmisión especial fuera de las escrituras, sin aprender de palabra o cartas, un sendero que apunta directamente al corazón del hombre, que mira a la naturaleza propia de cada uno para, de ese modo, obtener la budeidad.

---

[7] Aquí he utilizado el término occidental de «camino». La palabra correcta en el Zen sería sendero, ya que el sendero es estrecho y realiza meandros como los de un río.

Consecuentemente, el principal propósito del Zen es romper la red de nuestros conceptos, que es lo que ha sido denominado por algunos como una filosofía de la «no-mente».

La meditación Zen

La meditación Zen tiene como objetivo estimular la mente para que alcance el punto más elevado de la experiencia cognoscitiva y puede abrirla a la intuición de la verdad última. La meditación Zen pretende desarrollar el conocimiento intuitivo y absoluto, más allá de los esquemas racionales y disolver el yo en el Universo experimentando un sentimiento de unidad cósmica, paz y felicidad.

«Cuando llegas por primera vez a tu mundo meditativo, todos los centros se quedan mudos. La razón se aquieta, y no hay palabras que se agiten; el corazón se sosiega, y las emociones ya no te turban; el sexo se calma, y no surge más sexualidad.»

Osho

El punto culminante de la meditación es conocido como *satori* que equivale a la iluminación, una experiencia intraducible de conocimiento que coincide con la percepción de la verdad última, de la budidad inherente a nosotros mismos. Al alcanzar el *satori*, se llega a una experiencia personal e intransferible, en el que el practicante se transforma en un todo con el Universo.

La escuela Soto se basa en el Zazen, la meditación del silencio. La práctica del Zazen es la expresión directa de la verdadera naturaleza. Su secreto consiste en sentarse sin fin ni espíritu de provecho, y concentrarse. Su práctica es solamente concentración sobre la postura y la respiración, y durante esta concentración se libera una gran energía. El Zazen es, ante todo, una meditación de concentración, y al ser practicada es esencialmente una experiencia, en la que su base principal es el «aquí y ahora», donde lo importante es el presente y donde lo esencial es comprenderse a sí mismo, conocerse profundamente y encontrar el verdadero yo.

«No permanezcas en nada, pero vivifica la mente.»

Maestro Zen Hakujun

La meditación Zazen requiere una postura determinada que debe adoptar el discípulo. Para sentarse utilizará un *zafu*, cojín redondo, y colocará las piernas cruzadas en loto. En esta postura los pies presionan sobre cada muslo las zonas en que se encuentran puntos de acupuntura importantes correspondientes a los meridianos del hígado, la vesícula y el riñón. La columna vertebral debe estar bien encorvada a nivel del quinto lumbar, la nuca levantada, el vientre lacio y la nariz en vertical con el ombligo. Los puños permanecerán cerrados apretando el pulgar y situados sobre los muslos cerca de las rodillas. La punta de la lengua debe tocar el paladar y la mirada se sitúa en los alrededores de un metro de distancia. A la postura le acompañará una respiración lenta y poderosa. El discípulo debe concentrarse en una expiración larga, profunda e imperceptible, la inspiración se realiza automáticamente. El aire es expulsado lenta y silenciosamente, con el empuje de la presión del bajo vientre.

Un sencillo ejercicio de meditación Zen

A continuación veremos un ejercicio de meditación Zen que se puede practicar con la postura antes detallada. Se trata de un ejercicio sintetizado extraído del Mahamudra Tibetano, el *Libro Tibetano de la Gran Liberación*, de la tradición Zen. Este ejercicio tiene una duración aproximada de diez minutos, aunque constituye la esencia de un retiro de meditación de un mes.

* El discípulo debe sentarse cómodamente con los pies sobre el suelo y cerrar los ojos con suavidad.

* Debe empezar de modo que la atención recorra el cuerpo observando si hay zonas tensas o contraídas.

* Seguidamente deberá soltar el abdomen, la parte baja de la espalda.

* También dejará que las manos se relajen.

* Luego procederá a escuchar todos los sonidos que le rodean.

* Al mismo tiempo que escucha los sonidos imaginará que su mente se expande de modo que ya no está en su cabeza ni en su cuerpo, sino que se vuelve tan grande como el espacio en que se encuentra.

* Ahora los sonidos están contenidos en el espacio de de su mente.

* Su mente se abrirá como un cielo. Los sonidos se hallan contenidos en este espacio.

* Mirará directamente a la mente que está abierta, clara y silenciosa.

* En esta tesitura los sonidos vienen y van, pero la mente es un espacio inmóvil, espacioso, ilimitada, vacía.

* Nada se halla fuera de ese espacio.

* Ahora imagina que el cuerpo también está en ese espacio.

* Lo sentirá, pero no es sólido, son puntos y zonas de sensación que faltan en ese espacio.

* Hay una conciencia clara de la cual todas las cosas surgen.

* Su pensamiento e imágenes son como sonidos, surgen cambian y desaparecen.

* Hay que tomar conciencia de ello. Percibiendo la verdadera naturaleza del pensamiento.

* Dejará que los pensamientos e imágenes surjan y desaparezcan, y que la mente permanezca inalterada, ilimitada, no compuesta de cosas.

* Ahora imaginará, en el espacio claro y vacío de la mente, la figura de una persona a quién ame.

❋ Dejará que el sentimiento amoroso crezca en él hasta que comience a llenar el espacio. Percibirá que existe un deseo de que el corazón se abra y se llene de amor.

❋ Ahora imaginará la figura de otra persona a la que también ame mucho.

❋ Dejará que los sentimientos y la experiencia de amor crezcan en el espacio, de modo que todo quede inundado por este amoroso afecto.

❋ Hay que dejar que lo amoroso crezca hasta que toque a todas las personas que le rodean, incluso desconocidos, también el lugar donde estamos, el país, el planeta entero. Así estará rodeando el planeta de amor, pensamientos y sentimientos de afecto.

❋ Finalmente dejará que suavemente los ojos se abran y la atención regrese.

«La meditación zazen es una práctica que gradualmente nos despoja de la creencia, del símbolo y del ritual simbólico, dejándonos, como lo hace el Zen, libre de premios y castigos, de rezos o juicios, de esperanzas y penas, plenamente en aquí y en el ahora.»

Charles Brooke y Charlotte Selves

Una breve introducción a la práctica del Koan

Un *koan* es una especie de problema que el maestro formula a sus discípulos para que lo resuelvan. El Koan asume una fórmula didáctica dentro de una pregunta que carece en absoluto de sentido. Son desafíos planteados por el maes-

tro que pueden considerarse como «absurdos». El *koan* más conocido de todos es el que plantea:«¿Cuál es el ruido de una sola mano que aplaude?».

Sin embargo, por absurdos que puedan ser, hay que considerar que es solo nuestro hábito de conceptualización el que nos impide enfrentarnos a la realidad última. Estos planteamientos absurdos de los maestros tienen mucho significado, y sirven para levantar el velo que nos sumerge a estados de relatividad.

Vemos que el *koan* es una especie de incoherencia, una contradicción cuya respuesta se halla más allá de lo racional, del sujeto y objeto, de la causa y efecto. Para los maestros de Zen, solo cuando el espíritu ha agotado todos los recursos, tras una meditación que puede durar semanas o meses, el discípulo abandona todo esfuerzo y alcanza la iluminación.

Cuando uno expone sus ideas lógicas como respuesta a un *koan* se está equivocando. El Zen no es dialéctico ni intelectual, es algo que va más allá de la lógica de las cosas, a un lugar en el que está «la verdad que libera».

«El entendimiento sirve a propósitos variados en nuestra vida diaria. Sin duda es algo muy útil, pero no resuelve el problema último con el que cada uno de nosotros tropieza más tarde o más temprano en el curso de la vida. Este problema es la vida y la muerte.»

D. T. Suzuki

El Zen incita a racionalizar para hacernos ver la inutilidad del intento. El Zen sabe hasta dónde nos puede hacer llegar, y solo llegamos a entender este intento cuando estamos en un punto sin salida.

La intelectualidad, el razonamiento, la lógica o las conceptualizaciones solo son necesarios para comprender nuestras propias limitaciones. El *koan* pretende hacernos comprender este hecho. Por eso nunca debemos hacer del *koan* un objeto intelectual.

El Zen nos invita a identificarnos con el *koan*, de forma que no somos nosotros sino el *koan*. Al llegar a un punto así el *koan* se resuelve.

Veamos algunos *koans* que se utilizan en el Zen:

✴ Cuando ustedes tengan un báculo, les daré uno; cuando no tengan ninguno se lo quitaré.

✴ ¿De dónde vienen? ¿A dónde van?

✴ ¡Mu! (*wu* en chino) —El maestro pide al discípulo que se concentre en este sonido.

✴ Enséñame la cara original que tuviste antes de nacer.

✴ ¿Dónde nos encontraremos después de muertos, después de ser quemados y de que todas las cenizas se dispersen?

✴ Déjenme oír el sonido de una mano palmoteando.

✴ Utiliza tu espada que tienes en las manos vacías.

✴ Habla sin usar la lengua.

✴ Toca el laúd sin cuerdas.

«La práctica del zazen es la expresión directa de nuestra verdadera naturaleza.»

Suzuki Roshi

11.
La alegría y la felicidad según Osho

Felicidad y alegría

Destaca Osho que la felicidad es un estado de ánimo que, en ocasiones, se produce por la posesión de un bien. Nos toca la lotería y somos felices, pero solo es un estado momentáneo, ya que el recuerdo de los que no están con nosotros puede arrebatarnos esa felicidad, o el hecho de pensar en la violencia o pobreza que hay en el mundo nos sumerge nuevamente en la tristeza. Eso nos lleva a considerar dos factores: primero, que la felicidad es una forma *a priori* de la sensibilidad humana; y segundo, como dicen los maestros espirituales, que la felicidad no viene de fuera, surge de dentro y depende de uno mismo.

La alegría sería una consecuencia de la felicidad, ya que se manifiesta con signos externos: bailamos, reímos, estamos contentos. Pero también son instantes momentáneos, ya que tarde o temprano la felicidad desaparece y con ella esos signos externos.

Sin embargo, puede existir una felicidad serena. El solo hecho de levantarnos cada mañana y darnos cuenta de que estamos en este mundo, que vivimos, y que tenemos una misión que cumplir, puede llevarnos a esa felicidad serena. Ocurre que nadie cree en la felicidad, y eso hace que el hombre no pueda ser feliz.

«Los humanos pueden ser tremendamente felices y tremendamente infelices, y son libres de elegir.»

Osho

Personalmente mi felicidad es relativa, ya que es difícil ser feliz en un mundo donde existe tanto sufrimiento, pero comparto un grado de felicidad por el solo hecho de haber nacido y doy gracias a la naturaleza por compartir el gran misterio de la existencia, aunque ese misterio me pueda abrumar, aunque me produzca inquietudes, pero cada vez que conocemos algo más sobre nosotros mismos y el mundo que nos rodea, se mueve una felicidad interior que brota y se manifiesta con cierta alegría exterior.

Dicho esto, queda demostrado que la felicidad no tiene que ver con el triunfo en la vida, ni con la posesión de bienes, ni con la riqueza y el poder. Muchas personas que son inmensamente ricas carecen de esa felicidad interior, solo disfrutan de sus bienes y viven sumidos en las mismas angustias que el resto de los mortales.

La felicidad debe provenir de nuestra conciencia

La realidad es que la felicidad no está relacionada con el mundo externo, puede parecerlo en momentos determinados pero no deja de ser un estado de ánimo pasajero. Podemos estar enamorados de una persona y que esta nos corresponda y creemos sentirnos felices, pero esa situación no deja de ser tan pasajera como cualquier otra. Es una felicidad externa. Los maestros espirituales nos explican que para ser verdadera la felicidad debe provenir de nuestro interior y estar relacionada con nuestra conciencia.

La otra felicidad, la externa, depende de las personas y es muy relativa. Para algunas personas una tontería les hace felices. Hay cosas que hacen felices a algunas personas y a otras no. En cualquier caso, como es externa es una felicidad pasajera. Una comida puede hacer feliz a una persona, o hacer el amor con otra, pero eso es placer, no es felicidad y es, también, lo más pasajero que existe.

«Existe el placer y existe la dicha. Renuncia a lo primero para poseer lo segundo.»

Buda

Las raíces de la infelicidad

Hay personas que no son felices debido a su ambición, su envidia, sus malos sentimientos, sus resentimientos, sus odios y sus anhelos de venganza. Toda una serie de factores que empujan hacia la enfermedad. Donde no hay una felicidad impera la enfermedad. Sabemos que las personas ambiciosas, envidiosas, con odios y remordimientos son las más propensas a determinadas enfermedades, no solo enfermedades mentales, sino también biológicas. El odio, la venganza segrega bilis que afecta al estómago y crea un desequilibrio en el cuerpo humano que deja de ser armonioso y por tanto propenso a la enfermedad.

Pero no solo son estos factores los que impiden que brote esa felicidad interior. Nuestra mente está supeditada a una forma de pensar dentro de una dualidad. La dualidad surge con una de las primeras religiones, la zoroástrica en el antiguo Afganistán. Allí nació el concepto de dualidad, el concepto del bien y del mal, del amor y el odio, de la vida y la muerte.

«[...] la dualidad no es sino ilusión, ya que la no-dualidad es la suprema realidad.»

Mandukya Upanisad

El pensamiento no dual nos lleva a preguntarnos por qué las cosas tienen que nacer y morir. En la idea de lo eterno, nada nace, nada muere, nosotros vemos transiciones pero el Ser y el Universo son eternos.

«La felicidad se hace, no se halla. Brota del interior, no viene de fuera.»

Thomas Hardy

La dualidad es una de las causas de la infelicidad, ya que catalogamos a los seres humanos como felices e infelices. Eso predispone a los que no son felices a buscar la felicidad fuera de sí mismos, así pasan de una mujer a otra, de un trabajo a otro... todo en busca de la felicidad.

Pero ni una nueva pareja puede hacernos más felices, ni un nuevo trabajo, ni un nuevo lugar donde vivir, porque la felicidad, como ya hemos explicado, viene del interior, no se encuentra fuera.

¿Dónde nace la desdicha?

¿Cuáles son las raíces de la desdicha? Según los maestros espirituales, las raíces de la desdicha son la búsqueda de la felicidad fuera de sí, pues al buscar la felicidad fuera se produce un distanciación del presente, y ya hemos insistido en la necesidad de no soñar, de vivir ese presente. Pensar que nuestro pasado fue mejor o peor, más o menos feliz, nos aleja del presente. Pensar en sueños del futuro en los que tenemos riquezas y somos felices, también nos aleja del presente, y, por lo tanto nos aleja de la búsqueda interior de la verdadera felicidad.

«¡Feliz aquel que, tranquilo entre la multitud, costea la ribera protegido por el viento apacible y, temeroso de confiar al Océano su barquilla, navega a remo cerca de la tierra!»

Esquilo, *Agamenón,* **act. I, esc. 2ª**

Las claves de la felicidad en la escuela de Osho

¿Cuáles son las claves para ser feliz? La primera, comprender la realidad, que es un aspecto similar a la búsqueda de la iluminación. Aumentar nuestros conocimientos, no limitarnos a lo que hemos aprendido en la escuela y, algunos, en la universidad, sino ampliar esos conocimientos sabiendo cada día más de nosotros mismos y del mundo que nos rodea. Para ello hay que sumergirse en la búsqueda interior, en la meditación y navegar por esos Océanos profundos para no ser el bobalicón feliz que describe Esquilo.

Sobre la alegría ya hemos destacado que es algo pasajero, es un entretenimiento. Podemos estar en una fiesta y celebrar algo con alegría, no es malo, pero debemos saber que es simplemente un entretenimiento. Y los entretenimientos son formas de no estar presente, de no estar con nosotros mismos.

«El entretenimiento es una forma de evitarse a sí mismo.»

Osho

El entretenimiento nos aleja en muchas ocasiones del presente. Un entretenimiento es jugar a las cartas, al dominó, sumergirte en algo para olvidarte a ti mismo, para no estar con las angustias que te acosan y que no has sabido dominar porque no te has enfrentado a ellas. Cuando temes hacerte preguntas a ti mismo y buscar en tu interior buscas entretenimientos, y esto lo haces porque no eres feliz. Hoy la sociedad moderna nos ofrece uno de los mejores y más crueles de todos los entretenimientos: la televisión. Con la televisión dejas de ser tú mismo, a veces incluso te identificas con los personajes que aparecen en las series televisivas. La televisión ofrece un entretenimiento eficaz que lleva a los televidentes a no vivir el presente, a huir de ellos mismos, a olvidarse de ellos mismos.

Existen toda una serie de supuestos que nos arrastran a no vivir el presente y a no ser nosotros mismos. A veces es simplemente la dificultad de perdonar a alguien que no se ha portado bien con nosotros, o así lo creemos. En otras ocasiones es una herida traumática que arrastramos desde hace años, un desengaño o un fracaso, una situación con la que no queremos enfrentarnos pero que gravita en nuestro interior. La psicología transpersonal dispone de técnicas, como la «Centaurica», para reconocer esos traumas, exteriorizarlos y enfrentarse a ellos.

En otras ocasiones la infelicidad reside en aspectos insignificantes, como hacer una montaña de un grano de arena, es decir, darle más importancia a un hecho de la que tiene. En realidad, para los maestros espirituales, nada terrenal tiene la importancia que le damos. Una enseñanza Zen destaca que cuando se tiene un problema hay que extender la mano y llevar el problema de la mente a la palma de ese miembro, entonces hay que pesarlo, como veremos que no tiene peso el problema dejará de existir, ya que solo es un problema mental.

La infelicidad también viene cuando fingimos lo que no somos, cuando no somos realmente nosotros mismos. Son muchas las personas que fingen ser de una forma determinada delante de otras, tal vez para impresionar o seducir, sin embargo, tarde o temprano aparecerá el verdadero yo, y entonces se producirá el desengaño de la otra persona y la infelicidad del falso yo.

Para alcanzar la felicidad interior debemos ser nosotros mismos, debemos comportarnos como verdaderamente somos, no como nos quieren hacer que seamos.

«Todo el mundo está esquizofrénico. Nunca les han permitido ser ellos mismos, les han obligado a ser otros.»

Osho

Ante todo ser nosotros mismos

Lamentablemente, como sentencia el maestro espiritual Osho, el sistema nos obliga a ser otros. Nos obliga a vestir de una forma determinada, a comportarnos según un estilo de vida, a sonreír artificialmente, en definitiva dejar de ser uno mismo. La sociedad quiere que seamos otros, que no pensemos, que busquemos el triunfo, que nos condicionemos al sistema, que veamos la televisión, que no meditemos, que no busquemos en nuestro interior. El sistema quiere eso porque es la mejor manera de manipularnos.

Por este motivo, la búsqueda interior de la felicidad, requiere dejar de fingir, ser uno mismo. Dejar de competir con los demás, no hay nada importante por lo que valga la pena estar en plena competición para superar a los demás. Competir es a veces ganar y otras perder. Pero, ¿ganar el qué y para qué? Tampoco debemos imitar a los demás, debemos ser nosotros mismos, dejar emerger nuestra realidad interior, ser como en verdad queremos ser, sin engaños, sin traumas interiores, sin bloqueos. Tampoco debemos compararnos a otros, ya que la comparación nos lleva a la competición para ser como ellos y, en muchos casos, los demás no son un ejemplo de virtud, sino simples seudotriunfadores que se pavonean por la vida, pero que tarde o temprano se percatarán que han colocado una escalera por la que suben en un muro equivocado.

«Una sociedad en la que mucha gente no es feliz no puede ser estable.»

Dennis Gabor

La alegría puede ser una estado de trascendencia, un estado en el que no se es feliz ni infeliz, simplemente se está en paz, en silencio, en equilibrio. Podríamos decir que la alegría es aceptar lo que uno es tal como es. Dicen los maestros espirituales que la verdadera alegría está en explorar nuestra naturaleza, compartir nuestro mundo interior y nuestros conocimientos con los demás. Alegría es ser uno mismo, es salud y paz interior.

«Las estrellas se encienden y se apagan en el corazón de los hombres.»

Rainer Maria Rilke

Una de las causas de la infelicidad puede ser la evaluación negativa que hacemos de nosotros mismos. Nos devaluamos y creemos que el resto de las personas que nos rodean son mejores que nosotros, son triunfadores, pero recordemos que hemos dicho que eso no comporta la felicidad. También hemos explicado que no debemos identificarnos con los demás, sino ser nosotros mismos, y eso solo se consigue buscando en nuestro interior.

Vivir el presente es lo único real, y lo único que nos permite buscar en nuestro interior.

«El momento más emocionante de mi vida fue descubrir que hoy es más importante que entonces.»

Rita Levi-Montalcini, Premio Nobel de medicina
(Frase dicha a los 99 años de edad)

Para vivir el presente hay que rechazar todos los condicionamientos que nos impone el sistema social. Condicionamientos que nos impiden ser como somos en realidad, que nos produce insatisfacción. Dice Meher Baba[8] que no es culpa del hombre si cree que la solución a su insatisfacción está en la vida sensual, en el éxito comercial y social, o en una vida llena de experiencias excitantes. Meher Baba destaca que lamentablemente la vida humana no es lo suficientemente larga para llegar a saber que, aunque estas metas sensuales, comerciales y sociales se cumpliesen, el final sería también decepcionante. Porque Meher Baba, como todos los maestros, cree que solo la búsqueda interior de uno mismo produce satisfacción, es decir, felicidad.

---

[8] *Listen Humanity.*

12.

La iluminación

¿Qué es la iluminación?

Osho y todos los maestros espirituales nos hablan de la iluminación, un estado que trataremos de describir a lo largo de este capítulo. Hoy el término iluminación o iluminado se utiliza despectivamente, se dice que un individuo está iluminado cuando tiene ideas con las que no comulga el resto de las personas, o cuando roza la locura.

Iluminado es sinónimo de loco, de visionario, de profeta. Posiblemente, por esta terminología despectiva, la psicología transpersonal no utilice esta palabra y designe la iluminación como un estado modificado de conciencia (EMC). Entraremos en este tema brevemente, pero por ahora veamos que entendemos y que entienden los maestros espirituales por iluminación.

«Lo que en algunas disciplinas se denomina *iluminación*, puede ser, en el proceso sufí, el resultado de encajar en su sitio un gran número de pequeños impactos y percepciones, produciendo discernimiento cuando el individuo está preparado para ello.»

Idries Shah, *Un escorpión perfumado*

En casi todas las tradiciones religiosas se utiliza el término iluminación para designar el momento en que los creyentes perciben la llegada de una conciencia profunda o un estado místico superior. Es un término muy empleado en el budismo, donde se pone como ejemplo la experiencia de Buda, cuando bajo el árbol Bo alcanzó la iluminación o el nirvana[9]. Digamos que es un estado místico comparable al que alcanzaron determinados santos y santas del cristianismo en sus momentos de éxtasis, o el que pueden alcanzar muchas personas a través de un estado modificado de conciencia, aunque en este último caso solo sea provisionalmente. El concepto de iluminado no debe confundirse con los denominados Iluminados o Iluminate, secta de la francmasonería que apareció en Baviera (Alemania) en el siglo XVIII, y que perseguían extender una nueva religión basada en una razón ilustrada que estaba en contacto directo con la Razón Divina.

«La iluminación es descubrir que no hay nada que descubrir.»

Osho

A lo largo de la historia han existido en todas las tradiciones diversos símbolos de la iluminación, así, en el hinduismo es la flor de loto de los mil pétalos; en el cristianismo, el Santo Grial; en el budismo, el espejo transparente; en el judaísmo, la estrella de David, y en el taoísmo, el yin-yang. Podemos destacar que Buda significa iluminado, Cristo y Mesías también significa iluminado. En el Zen la iluminación es el satori; en el yoga la iluminación es samadhi o

[9] La palabra *nirvana* es un término sánscrito que viene a significar «apagar una llama de un soplo», metáfora del cese de la vida, y no aniquilación como se ha malinterpretado. Buda alcanzó un nirvana en vida que le permitió seguir predicando hasta alcanzar el nirvana definitivo tras su muerte. Para algunos filósofos del budismo e hinduismo, el nirvana es una realidad incondicional como el vacío.

moksha; en el sufismo es la fana; en el taoísmo es wu o el Tao Fundamental. Gurdjieff llamó conciencia objetiva a la iluminación, y Sri Aurobindo la supermente. Para la psicología transpersonal, como ya hemos destacado, la iluminación es resultado de un estado modificado de conciencia.

Según Richard M. Bucke alcanzaron la iluminación: Gautama, Jesús, san Pablo, Plotinio, Mahoma, Dante, Las Casas, Juan de Yepes, Francis Bacon, Jacob Boehme, William Blake, Balzac y Walt Whitman. Para John White habría que añadir a Krishna, san Juan de la Cruz y Madame Guyon.

¿Cómo alcanzar la iluminación?

Destaca Osho que la iluminación es un estado que se alcanza en unas condiciones específicas muy determinadas. El individuo corriente cree que la iluminación consiste en tener visiones, no repara en que la iluminación es el entendimiento más sutil o tácito que existe. La iluminación no requiere un gran esfuerzo sino, simplemente, creer en ella y estar en un estado puro dispuesto a renunciar al ego, al poder, a la falsa realidad y a todas las trampas mundanas. La iluminación no es un objetivo que no tengamos que plantear, es un estado que llegará cuando nosotros estemos preparados para alcanzarlo. Como en muchos aspectos espirituales, si la deseas mucho no se logra. La iluminación sucede cuando desaparece toda esperanza de alcanzarla. Es un instante de entendimiento y de conciencia que solo requiere que no haya pensamientos, ni deseos, ni esperanza. Pero hay que practicar, no esforzarse, sino practicar en ser mejor, coherente con nuestra vida y la de los demás.

«La iluminación es un accidente, la práctica nos hace propensos al accidente.»

Maestro Zen

«Está iluminado aquel cuyo lenguaje y conducta armonizan, y que repudia las conexiones ordinarias del mundo.»

Dhu´l-Nun, el Egipcio

Con la iluminación se producen una serie de fenómenos que pueden perturbar nuestra mente, confundirla, ya que nos enfrentamos a un estado que ha sido muy criticado por los racionalistas y que muchos psicólogos y psiquiatras han calificado de estados alucinatorios, estados que solo pueden ser privados, interiores y que no existen en la realidad cotidiana, que es como decir estados consecuentes de la imaginación. Sobre este aspecto Ken Wilber pregunta a los racionalistas si alguien ha visto «ahí fuera» en el «mundo sensorial» la raíz cuadrada de un número negativo. Porque en realidad, las experiencias intensas no pueden trasladarse al papel por el torpe forjado de las palabras. Uno de los fenómenos de la iluminación es el enfrentamiento con lo no-racional, que se convierte en algo desconcertante para nuestra mente, puesto que nos han condicionado en una educación racional donde todo lo que no se pueda demostrar, palpar, no existe, aunque aceptemos la raíz cuadrada de un número negativo. Lo no-racional produce en algunas personas un miedo sobrecogedor, ya que la realidad se vuelve múltiple y se puede ver de varias maneras. Al tratarse de un fenómeno personal se agrava la sensación de soledad, al mismo tiempo que el conocimiento adquirido se convierte en algo huidizo, difícil de reconstruir. También nos damos cuenta que de continuar en este estado, ya nunca nada será exactamente como antes. En definitiva, la iluminación nos ha llevado a otro tipo de conocimiento.

«Aunque el éxtasis no visite el alma más que una hora, esta se sentirá impregnada del infinito, la noción vívida del Absoluto; el murmullo inextinguible del yo revelador contiene todos los Yo sin estar contenido en ninguno.»

Stanislas de Guaita, *En el umbral del misterio*

El consejo de los maestros espirituales es que ante este estado no debemos oponer resistencia, tampoco expectativas, simplemente hay que dejarse ir, liberarse de los anclajes mundanos y no esperar que este estado nos resuelva la vida en este mundo, como dicen algunos maestros no resolvemos el misterio que buscamos pero, finalmente llegaremos a habitar en él.

El resultado de la iluminación, aunque solo sea por unos instantes, es conmovedor, ya que los valores que teníamos de la vida cambian, surge un nuevo yo, un interés por nuevos temas y aspectos más trascendentes, todo nos interesa dentro de un gran apetito de conocimiento.

Hay que creer en la iluminación

Hay que insistir en que todos los maestros advierten que la iluminación solo llega a las personas que se merecen alcanzar ese estado. Aquellas que no quieren conquistas externas, sino una transformación interior. Aquellas personas que ya son conscientes de que la iluminación puede estar en su interior y que siempre ha estado pendiente de que la descubran. No se iluminará quién no cree en este estado, quien lo ha considerado una jugada de la imaginación, una jugarreta de su mente cuando ha tenido un destello de claridad de la verdadera realidad. Insistimos que para alcanzar la iluminación hay que creer en ella.

«Suele decirse que, cuando alguien busca un tesoro que por cualquier razón no le está destinado, el oro y las piedras preciosas se convierten ante sus ojos en carbón y vulgares guijarros.»

René Guénon
El reino de la cantidad y los signos de los tiempos

La iluminación es un estado que permanece latente en nuestro interior, algo que adquirimos desde el mismo momento en que nacemos. John White explica en unos de sus libros[10], que estamos dentro de la iluminación y que esta no es más que el despertar del sueño de la vida convencional que genera el sentido del ego como algo separado.

La iluminación es como el maestro que aparece en el momento en que estamos preparados para recibir sus enseñanzas y su conocimiento.

«Solo el mundo puede comunicar a una persona lo que esa persona merece, es decir, lo que esa persona es capaz de captar, el nivel al que está.»

Abraham Maslow

---

[10] *¿Qué es la iluminación?* Editorial Kairós. Barcelona.

Estados modificados de conciencia

La psicología transpersonal utiliza diversas técnicas para llevar a los individuos a estados modificados de conciencia, algo que podríamos calificar de iluminaciones instantáneas y temporales, ya que introducen a los individuos en un estado en el que la realidad se transforma y el tiempo deja de tener valor. Es indudable que muchos sujetos que han alcanzado un estado modificado de conciencia han transformado sus vidas, han experimentado un cambio en su interior y han realizado una nueva valoración de los valores sociales y sus condicionamientos. Otros individuos han permanecido igual, han experimentado una situación que no saben describir, pero su mundo interno continua sujeto a la realidad cotidiana, porque, como hemos dicho anteriormente, para alcanzar determinados estados superiores, determinados niveles o estados de iluminación hay que estar preparado, hay que tener una predisposición y una conciencia interior, en resumen, estar dispuestos a cambiar, algo que muchas personas temen más que a la propia muerte.

«Trascender no consiste en una conquista exterior, sino en una transformación interna.»

Swami Nityabodhananda

Los estados modificados de conciencia, dentro de la psicología transpersonal, requieren ser alcanzados a través de unas técnicas muy determinadas. Es indudable que las escuelas que transmiten estas enseñanzas debieran escoger a sus discípulos y no admitir a aquellos que solo vienen a distraerse y experimentar algún tipo de emoción. Sobre este aspecto existe un breve cuento sufí que relata la historia de un maestro que practicaba el arte de la atención. Un día un discípulo fue a visitar a este maestro Zen con la intención de que le enseñase el arte de la atención. Al entrar por la puerta de su casa dejó sus zapatos y el paraguas en la entrada. Tras presentar sus respetos al maestro y explicarle que venía a mejorar su atención que ya tenía bastante desarrollada, el maestro le preguntó a que lado de los zapatos había dejado el paraguas. El discípulo no pudo recordarlo. El maestro le dijo: «practica más el arte de tu atención y vuelve dentro de siete años».

«En tanto no vayamos más allá de las meras palabras, no seremos verdaderos conocedores.»

D. T. Suzuki, *El Zen y la cultura japonesa*

Los discípulos que siguen técnicas de psicología transpersonal, deben luchar para ser más y no sucumbir a la ambición de tener más, deben vencer al ego y los peligros del éxito y el poder. Desechar la violencia, la identificación, los dualismos y todos los falsos valores del sistema social que les envuelve.

Solo bajo esta perspectiva la experiencia transpersonal será beneficiosa. Pero, ¿qué técnicas hay que seguir? La psicología transpersonal ofrece un amplio abanico de técnicas para alcanzar estados modificados de conciencia. Desde meditaciones avanzadas hasta la ingestión de enteógenos[11]. Al margen de la meditación, que es sin duda uno de los mejores caminos para la iluminación, existen técnicas como la respiración holotrópica, una hiperventilación que lleva a un estado modificado de conciencia en el que el discípulo puede estar «colgado» varias horas sin la necesidad de haber ingerido ningún enteógeno. Otras técnicas son la ingestión de peyote o ayahuasca, incluso la dimetil del ácido lisérgico (LSD). En cualquier caso la experiencia iluminativa será parcial, instantánea e impactante, ya que el discípulo accederá a otras realidades donde verá su mundo interior, sus miedos, sus angustias, sus traumas y tal vez se reencontrará con sus ancestros ya fallecidos.

---

[11] Término que significa «Dios dentro de nosotros», y hace referencia a la utilización de hongos, lianas o hierbas alucinógenas sin efectos que puedan producir hábito. Es decir, no pueden calificarse de drogas.

«Como decían los antiguos, la sabiduría es comprender a los demás, pero comprenderse a sí mismo es la iluminación.»

Alexander T. Shulgin,
Plantas, chamanismo y estados de conciencia

En cualquier caso la experiencia será transformadora para aquel que esté preparado, el estado «iluminativo» no permanecerá, pero si la sensación de cambio, la sensación de haber descubierto otra realidad transformadora. A partir de ese instante las inquietudes y la necesidad de conocimiento se convertirán en una premisa ineludible. No importa que lleguemos a la iluminación a través de la meditación, el yoga u otras formas, lo importante es que estas técnicas nos permiten profundizar en todos los estados altruistas y acceder, finalmente, a los niveles más elevados de iluminación.

El poder de la iluminación

Los estados de iluminación o trascendentes pueden llevarnos a desarrollar en nuestro interior fuerzas energéticas capaces de autocurarnos. También pueden despertar el denominado centro Kundalini, creando un gran campo de energía que rodea el cuerpo y nos eleva psíquicamente. En otras ocasiones se disuelven nuestras fronteras personales y nos fusionamos con la naturaleza y el Universo entero en el denominado concepto de unidad o Experiencia Cumbre[12]. Podríamos hablar de otras transformaciones personales como los procesos de renovación comparados al concepto Atman-Brahma, o a lo divino dentro de sí. Incluso se da el caso de la apertura psíquica que nos lleva a desarrollar una batería de fenómenos paranormales, como la telepatía, el abandono del

[12] Tal como la denomina Abraham Maslow.

cuerpo, la sincronicidad onírica, etc. Hay quién llega a tener experiencias de vidas pasadas y quién establece comunicación con seres que les guían o seres de otras realidades.

«No somos simplemente máquinas biológicas y animales muy evolucionados, sino también campos de conciencia sin límites, que trascienden el tiempo y el espacio.»

Christina Grof, *La tormentosa búsqueda del ser*

«La humanidad está evolucionando lentamente hacia un estado sublime de conciencia del que los grandes visionarios y místicos del pasado y del presente nos han proporcionado destellos fugaces.»

Gopi Krishna,
The Biological Basic of Religión and genius

Los estados iluminativos, transcendentes o transpersonales, nos vinculan a situaciones que nunca podemos experimentar con nuestros cinco sentidos ordinarios. A través de estos estados contactamos con otros universos y seres que se asemejan a dioses, salimos del mundo convencional. Las situaciones que surgen van más allá de los conceptos neurofisiológicos que tenemos en la actualidad. Entramos en espacios atemporales que están fuera de los límites convencionales de la psiquis individual. Como destaca Stanislav Grof: «Sería un grave error rechazar estos estados de la mente y calificarlos como productos irrelevantes o insignificantes de la patología del cerebro».

13.
La mente

La mente un organismo en constante verborrea

Destaca Osho que la mente no es solo un centro biológico que recoge palabras que luego utiliza hábilmente como hacen los políticos. No es una máquina que sabe manejar el lenguaje. Es algo más complejo y profundo, un sistema que es capaz de reflexionar y crear ideas, relacionar hechos y saber elegir. Pero también es capaz de utilizarnos constantemente si nosotros no sabemos dominarla.

Osho nos alerta que la mente habla constantemente con ella misma, tiene una profunda verborrea que, en la mayoría de los casos, nosotros no dominamos, nos sobrepasa, nos utiliza, nos maneja y nos convierte en títeres de nuestra mente. Si nos detenemos y analizamos nos damos cuenta que a lo largo de un paseo por cualquier calle de nuestra ciudad, la mente ha estado observando el entorno, pero también ha estado bombardeando con pensamientos sobre hechos de nuestro pasado o proyectos de vida sobre el futuro. En realidad la mente no ha estado viviendo el presente como nos recomiendan todos los maestros espirituales y las escuelas de psicología modernas.

«Es la mente la que ha conformado el universo físico que concibe la vida, y finalmente hace evolucionar criaturas que conocen e inventan… Con ellas, el Universo empieza a conocerse a sí mismo.»

George Wald, *Life and Mind in the Universe*

¿Qué ha ocurrido? Sencillamente que durante ese paseo hemos estado inmersos en pensamientos irreales, en historias del pasado que no podemos modificar y visiones del futuro que con toda seguridad no se harán realidad. No hemos vivido el presente, lo único real y lo único que existe. ¿Por qué? Sencillamente nuestra mente nos ha utilizado a nosotros y no nosotros a ella. Nos ha manejado gratificándonos con historias que nos gustan o que nos recuerdan momentos felices, o incluso momentos desagradables que ya han pasado pero que también son una forma de gratificación para ciertos individuos masoquistas.

El problema está, como bien nos aconseja Osho, en que hay que aprender a dominar la mente y no que la mente nos domine a nosotros. Pero, ¿cómo conseguir este difícil proceso cuando ya estamos encarrilados desde toda una vida a no vivir el presente? Indudablemente meditar es un medio, ya que a través de la meditación forzamos a la mente a un proceso que controlamos nosotros. Ocurre, sin embargo, que a la mente no le gusta la meditación, ya que le produce un vacío, un silencio en su verborrea cotidiana. La meditación no le deja parlotear y se asusta, porque teme los vacíos, los silencios. La mente quiere mandar, elegir los temas de su verborrea, y por supuesto no elegirá nada que le disguste, nada que le produzca inquietud, preguntas demasiado embarazosas, pensamientos sin respuestas… en pocas palabras, vacío y silencio, algo que se asemeja a la muerte.

«Nuestro instrumento más crucial de aprendizaje es la facultad de establecer conexiones mentales. Es la esencia de la inteligencia humana…»

M. Ferguson, *La Conspiración de Acuario*

La mente exige cosas que satisfagan al ego mismo, no quiere molestarlo, sino adularlo, decirle que es el mejor y distraerle apartándolo de la realidad del presente.

Osho nos alerta que debemos evitar que la mente termine por apoderarse de nosotros, debemos domesticarla y manejarla, reñirla cuando nos asalta con pensamientos que nos alejan del presente, con historias imaginativas, con relatos emotivos. Recordemos que la mente está acostumbrada a mandar, da órdenes y nosotros las obedecemos, pero no debe ser así, somos nosotros quienes debemos dar órdenes a la mente y es ella la que debe obedecer. Somos nosotros quienes le debemos decir que no nos interesan los recuerdos del pasado ni las imaginaciones sobre el futuro, que queremos que observe el presente que nos rodea, que nos haga disfrutar viviendo ese paseo que hacemos por la calle. Si no procedemos así la mente se convierte en amo y nosotros somos su esclavo, un títere con la cabeza llena de tonterías e irrealidades.

«La mente es una de las cosas más importantes de la vida, pero solo como criada, no como amo.»

Osho

Ocurre, lamentablemente, que la mente está condicionada, algo que ya hemos hablado y que Osho nos ha repetidito en numerosas ocasiones. La mente ha recibido una educación en la que se han privado ciertos valores que, ahora la mente utiliza. Si desde pequeño nos han condicionado a dar importancia a la forma de vestir, a estar a la moda con la ropa, la mente se convierte en un organismo sumamente preocupado por esos factores. Cuando vamos por la calle solo se preocupa si nos hemos puesto la camisa adecuada o llevamos los zapatos a juego con el resto de la ropa. Da prioridad a estos valores relativos y falsos que a otras cosas más importantes en la vida humana. Esa mente solo se preocupará de ver escaparates o juzgar a la gente que pasa por su ropa, no por sus valores intelectuales o humanos. Es una mente condicionada. Y la realidad es que puede haber muchos tipos de condicionamientos, pueden ser religiosos y nos inducen a pensar mal de una mujer que lleva el escote demasiado abierto o la falda muy corta, la mente la convierte en pecaminosa. Sepamos que la mente de los integristas, de los terroristas ha sido hábilmente condicionada para ver maldad en todo aquello que su creencia no ve como bueno.

Todos nacemos con una mente completamente en blanco, serán nuestros padres quienes nos harán ser de una forma o de otra, nos convertirán en judíos, cristianos o musulmanes. Será la formación escolar la que nos condicionará a creer algunas cosas y rechazar otras. Será el entorno —amistades, padres, tutores—, quien nos converta en socialistas, comunistas, republicanos o conservadores.

El sistema en que vivimos educa nuestra mente, la falsea, la condiciona con informaciones falsas o verdaderas. Rellena la mente de falsos valores y concepciones que, mientras para una parte del mundo son verdaderas para otra parte son falsas. Así habrá quién creerá en determinados valores como los únicos y verdaderos, y otros que tendrán otros valores completamente distintos pero para ellos también auténticos y verdaderos.

El consejo de los maestros espirituales es que hay que vivir el propio ser, no el que te pretendan implantar.

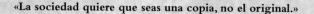

«La sociedad quiere que seas una copia, no el original.»

Osho

Destaca Osho que la mente es algo implantado por la sociedad. Las neuronas con su memoria se han alimentado desde que éramos pequeños de lo que han visto, oído, de lo que nos han enseñado. ¿Y qué hemos hecho nosotros? Imitar el entorno que, precisamente, no ha sido el mejor maestro, ya que ese entorno está dominado por un sistema que nos potencia falsos valores y nos sumerge en una sociedad de consumo que evita que nuestra mente reflexione en aspectos más transcendentales.

La ausencia de pensamiento es la meditación

Osho, como todos los maestros espirituales invitan a meditar a sus discípulos, ya que la meditación es una fórmula ideal para dominar la mente, para aquietar la verborrea, para equilibrar y armonizar la mente y el cuerpo.

Dice Osho que la conciencia correcta es el método de la meditación, un camino difícil pero reconfortable. Meditar no es solo encerrarse en una habitación en silencio, en postura de loto y tratar de buscar el vacío mental. Meditar es algo que podemos hacer en cualquier lugar y cualquier momento. Podemos meditar si observamos los pensamientos sin ningún objetivo concreto. Con este procedimiento nos convertimos en testigos imparciales de nuestra mente, observamos nuestra mente como piensa. Somos su testigo. El solo hecho de mirar, de ser testigo de lo que piensa nuestra mente, permite que el ego desaparezca. El ego funciona instigado por la mente.

Cuando observamos los pensamientos estamos vislumbrando al que está observando, es decir, nos estamos observando a nosotros mismos. Para realizar este tipo de meditación hay que practicar mucho y si se hace continuamente el testigo empieza a estar presente todo el tiempo.

«**Conócete a ti mismo**»

Quilón de Esparta[13]

Es muy importante que la mente esté en calma y para ello hay que adentrarse en uno mismo y llegar más allá de nosotros. La meditación consiste en ir más allá de la mente y sus límites.

Destaca Osho que la meditación es el método más efectivo para conocerse a uno mismo, ya que está basada en el soporte del silencio, un silencio en el que no impera la verborrea mental. Todo ello nos lleva a afirmar que para conocerse a sí mismo no se necesita la mente, sino el silencio absoluto. La mente siempre está ocupada, hay que acallarla, calmarla. Solo con el silencio de la mente llegamos a dominarla y ser nosotros quién lleve las riendas de los futuros pensamientos.

«**Las técnicas de meditación, los ejercicios sobre los hábitos y otros ejercicios están diseñados para producir un cambio de la conciencia ordinaria analítica a la conciencia holística.**»

Robert Ornstein

El arte de la meditación consiste en trascender la mente y sus condicionamientos. Meditar es observar la mente como si no tuviéramos nada que ver

---

[13] Quilón de Esparta escribió esta frase en el frontón del templo de Delfos, robándosela a Tales de Mileto. Hay quién ha atribuido esta importante máxima de trabajo interior a Sócrates.

con ella. En realidad somos testigos de los procesos de nuestra propia mente. Meditar es conciencia, no pensar en algo, es un medio para que tomemos conciencia de nuestro verdadero ser.

La meditación del testigo

La meditación del testigo es uno de los métodos más interesantes dentro de las técnicas meditativas, un tipo de meditación apto para aquellos que han llegado hasta cierto nivel en la práctica meditativa.

Esta meditación está basada en un trabajo de Ken Wilber, uno de los mayores teóricos de la psicología transpersonal, y considerado por John White el nuevo Einstein de la investigación de la conciencia. Se trata de un ejercicio que es preferible realizar al amanecer, con los ojos cerrados en un lugar aireado y silencioso. Para realizar esta meditación seguiremos los siguientes pasos:

* Empezaremos por buscar el «testigo», para ello imaginaremos que nos hemos desdoblado y que nuestra mente observa cómo piensa la mente, comportándose como un testigo de lo que vamos a realizar.
* El «testigo» observará cómo la mente busca la vacuidad, el vacío y el silencio del pensamiento. Nada debe aparecer en la mente.
* El «testigo» contempla el mundo externo y también contempla los pensamientos internos. El ir y venir de la mente, su esfuerzo por mantener la vacuidad y centrarse en la respiración. Todo desfila ante el «testigo».
* Durante este proceso la mente debe desidentificarse de cualquier objeto que se vea o se pueda llegar a ver.
* El «testigo» no es ningún pensamiento, ni tampoco es el cuerpo, la mente o el ego. Es, simplemente, el «testigo» que observa nuestra mente.
* Durante este proceso de meditación hay que tratar de sentirse a sí mismo en ese instante, en el momento que se vive. Hay que tratar de ser consciente de uno mismo.
* En esta meditación se trata de permanecer serenos en esta conciencia observadora, contemplando la mente, el cuerpo y la naturaleza que nos rodea.

Si conseguimos todos los pasos anteriores, empezaremos a experimentar una sensación de libertad, una sensación de no estar atado a ninguno de los objetos que desfilan ante nosotros. La mente se convierte en un espacio abierto y libre a través del cual van y vienen todos los objetos. Notaremos que nos convertimos en una apertura, una vacuidad, un espacio abierto en el que se desplazan todos los objetos. Y poco a poco veremos que no somos nada de lo que aparece, somos vacuidad.

Tampoco somos nada de lo que podamos ver o aferrarnos. No tenemos que realizar ningún esfuerzo, no hay tiempo y por tanto no tenemos nada que medir. El «testigo» puro es a su vez una vacuidad pura en la que todos los sujetos y objetos individuales aparecen, permanecen en un tiempo y terminan desvaneciéndose. El «testigo» no es nada de lo que podamos ver, sino la ausencia de todo sujeto y de todo objeto, la liberación de todo eso.

Sumergiéndose en el presente

No hay disciplina ni tradición en la que la meditación no este presente como ejercicio importante. Desde los textos más antiguos de la India, los Upanisad, hasta la moderna psicología transpersonal, la meditación ha prevalecido como un proceso de apertura a las profundidades de uno mismo. La meditación es un camino en el cual uno se desplaza más allá de sus sentidos y puede alcanzar la realidad trascendental.

«La meditación es, como mínimo, un camino instrumental mantenido hacia la trascendencia.»

Ken Wilber, *El proyecto Atman*

No cabe ninguna duda que la meditación produce una alteración de la conciencia, un cambio en nuestra mente, y en consecuencia un cambio en nosotros mismos, en nuestra forma de pensar, de actuar y de ver el mundo. La medicina ha descubierto que quienes meditan sufren cambios fisiológicos específicos en la actividad eléctrica cerebral, en la superficie cutánea y en la respiración, todos estos cambios llevan a alcanzar una mayor armonía interna.

La meditación nos lleva a conocernos mejor y a vivir el presente. Arístipo insistía en que «hay que saber vivir el instante que huye», y advertía que la mayor parte de los hombres soporta la propia existencia defendiéndose en los recuerdos del pasado o aferrándose al futuro, pero muy pocos lo hacen sumergiéndose en el presente.

14.

Filosofía de Osho y religiones occidentales

Religiones violentas y filosofías pacíficas

Todas las filosofías orientales están en contraposición con las religiones occidentales, es decir, el cristianismo, el judaísmo y el islamismo. No es de extrañar, por tanto, que Osho y los maestros espirituales de oriente mantengan ciertas discrepancias con el contenido religioso occidental, ya que sus diferencias son abismales.

Krishnamurti dice que Dios existe si vivimos una actitud positiva, y no existe si se vive una actitud egoísta. Este maestro hindú considera que Dios es una forma de ver la vida y de pasar por el mundo. También considera que no hemos sido capaces de descubrir si existía algo trascendental más real que la existencia cotidiana, al no conseguir descubrir nada hemos empezado a adorar a símbolos.

«He intentado hacer todo lo que he podido.»

Giordano Bruno,
antes de ser quemado por la Inquisición

Ya hemos visto cómo todos los maestros orientales abogan por la no violencia, por la paz. Lamentablemente no podemos decir lo mismo de los dirigentes religiosos de occidente. En el cristianismo, si bien Jesús aparenta abogar por la no violencia, sus representantes a lo largo de la historia no han seguido la misma pauta. Los papas han utilizado a través de los siglos toda clase de violencia contra los que no confesaban su misma fe. Prueba de ello han sido las cruzadas contra los mahometanos, o contra los cátaros. La persecución de los no creyentes o los que con sus descubrimientos ponían en aprietos a la fe reinante. La Inquisición exterminó a muchos pensadores como Giordano Bruno, Servet o Galileo Galilei, este último se salvo de la hoguera al retractarse. También murieron miles de mujeres al ser mal calificadas de brujas, por usar hierbas para curar los dolores de la menstruación o el parto y algún tipo de enfermedad.

«Mientras el sacerdocio profesional con sus prejuicios organizadores justifiquen la intolerancia y la liquidación de otro ser por el bien de vuestros país y la protección de vuestros intereses e ideología, habrá guerra.»

Krishnamurti

Dentro del judaísmo, el Antiguo Testamento es testimonio escrito de la violencia de esta religión. Y no hablemos del mahometismo, donde la historia de Mahoma está plagada de violencia y se defiende la guerra santa contra los no creyentes, asegurando a sus seguidores que los que mueran en defensa de sus creencias pasarán a un paraíso repleto de mujeres vírgenes. La realidad es que no hay mucha diferencia con el cristianismo, ya que el papa León IV arengaba a los cristianos que luchaban contra los sarracenos diciéndoles: «... a los soldados que mueran valientemente combatiendo por la Iglesia contra los sarracenos les será abierto por entero el reino de los cielos», sin implicar las barbaridades que cometiesen en sus combates con sus prisioneros y prisioneras.

La violencia y la no-violencia ha sido una diferencia sustancial entre el espiritualismo de oriente y el de occidente. Como el sentido del dualismo. En occidente el pensamiento dual nos lleva a preguntarnos por qué las cosas tienen que nacer y morir. En el pensamiento no dual permanece la idea de lo eterno, nada nace y nada muere.

Existen muchas más diferencias, como el concepto del «todo» en el espiritualismo oriental, algo que no comparten las religiones occidentales. Mientras que para las religiones hinduistas formamos parte del «todo», ese concepto está visto como panteísta por las religiones occidentales. Solamente en el Evangelio según Tomás manuscrito del Mar Muerto del siglo III, encontramos una trascripción en la que Jesús destaca: «Yo soy la luz que está en todos los ojos. Yo soy el todo. El todo ha salido de mí y el todo ha vuelto a mí. Cortad la madera y estoy allí. Levantad la piedra y allí me encontraréis». A lo largo de todo el Evangelio de Tomás vemos como Jesús nos llama al conocimiento del yo, y no a las creencias. Y el conocimiento del yo es la base psicológica de las tradiciones orientales que se fundamentan más en conocerse a sí mismo que en cualquier tipo de creencia.

Diferentes conceptos de inmortalidad

Otra gran diferencia está en el concepto de inmortalidad. Para las religiones occidentales la muerte se convierte en el fin sobre nuestro tránsito sobre la Tierra. Seremos castigados con el infierno o seremos premiados con la estancia en un paraíso. Para las religiones espirituales de Oriente existe una reencarnación, la muerte equivale a una oportunidad de la personalidad individual para poder escapar de la ilusión (*maya*) y experimentar la naturaleza divina (Atman-Brahman).

«Cuando se cortan todos los nudos que aquí atenazan el corazón, entonces el mortal se hace inmortal.»

Katha Upanisad

La reencarnación forma parte de una de las múltiples creencias sobre la supervivencia después de la muerte. El cristianismo optó por otorgar al hombre una sola vida terrenal, aunque al final de los siglos exista una resurrección de los muertos. De esta forma el cristianismo niega profundamente la posibilidad de reencarnarse, y el ser humano debe cumplir el final purgando sus pecados en el infierno, pasando un período de prueba en el purgatorio, o gozando del cielo por haber llevado una vida conforme a los principios dogmáticos de su fe.

«Dando paz al pensamiento se destruye el karma bueno y malo; en el atman por sí mismo apaciguado reposando se alcanza una ventura sin fin.»

Maitrayani Upanisad

En las creencias orientales el regreso a este mundo estará marcado por el karma —término existente en el hinduismo, budismo y jainismo—, una ley que será responsable de las diferencias sociales y de la buena y mala fortuna de los ciudadanos, hecho que dependerá de las buenas y malas obras que se han realizado en existencias anteriores.

Dentro del cristianismo tenemos que remontarnos al siglo XV para encontrar algún texto que sugiera algún tipo de reencarnación de los seres humanos, y lo encontramos en el *Discurso sobre la Dignidad humana* de Pico Della Mirandola[14], donde Dios le dice a Adán: «Te he puesto en medio del mundo para que te sea más fácil ver lo que hay en él. No te he creado para hacer de ti un ente celeste ni terreno, mortal ni inmortal, sino para que, como escultor, puedas cincelar tus propios rasgos. Puedes degradarte y ser un animal, pero también puedes renacer como un ser semejante a Dios mediante la libre voluntad de tu espíritu».

Búsqueda exterior o búsqueda interior

Las religiones occidentales son una cuestión de fe, y la búsqueda de Dios se realiza a través de su Iglesia o de sus representantes. Es más bien una búsqueda externa que se practica en la iglesia, la sinagoga o la mezquita. En cualquier caso hay condicionamientos por parte del sacerdote, el rabino, imán o mulá.

Las religiones orientales tienden a ser filosofías psicológicas. La búsqueda es la de ser, y esta búsqueda es siempre interior. La meditación es uno de los caminos preferentes para esta búsqueda, en la que el maestro o guía espiritual no interviene, solo es guía. Lo importante es encontrar la paz interior y esa paz solo se encuentra conociéndose a sí mismo, por lo que esa búsqueda es más psicológica que religiosa.

[14] (1463-1494).

«Creemos que tenemos que seguir a unas y otras personas a las que damos autoridad según las opiniones y costumbres de la época. De esta manera nos mantenemos dormidos día tras día, generación tras generación.»

Doctora Consuelo Martín

La búsqueda sobre el conocimiento de uno mismo no es solo una búsqueda del ser, sino también una búsqueda espiritual. Conocerse a uno mismo significa dominar la armonía y el equilibrio del cuerpo, dominar la mente y no que la mente te domine, saber porque nos comportamos de una manera o de otra. El conocimiento del ser interior es una puerta hacia la verdad y el conocimiento de la verdad es un medio para la liberación. Esta búsqueda espiritual está más cerca del paganismo, animismo o chamanismo que de las religiones. La búsqueda espiritual trata de unirse a la naturaleza, al cosmos, y sentir su fuerza, sus energías y el espíritu que lo anima. Esta ha sido una característica de las filosofías orientales, del mensaje de los maestros espirituales, que saben que en Occidente el saber va por un lado y su vida espiritual va por otro distinto o no existe.

«El espíritu lo es todo; si el espíritu pierde su libertad, usted pierde también la suya; si el espíritu es libre, usted es libre.»

Ramakrishna

Recordemos que también hemos insistido en las páginas de este libro de la importancia de la conciencia. De ser conscientes de nosotros mismos y del presente en que vivimos, del aquí y ahora. Si investigamos en nuestro interior llegamos a nuestra conciencia, y eso nos permite ver la realidad de otra forma. Si queremos encontrar la verdad sobre nosotros mismos y sobre nuestra existencia, es necesario abrirse a la conciencia, donde buscador y búsqueda coinciden.

La conciencia es el centro de nuestro ser, de nuestra espiritualidad y es, también, el lugar que percibe todos los cambios de la mente, mientras ella permanece inalterada. Nunca debemos actuar contra nuestra conciencia como bien explica santo Tomás en *De Veritate:*

«Si la conciencia prohíbe una determinada acción, hay que seguir a la conciencia incluso contra el deseo de la Iglesia, incluso si llevase aparejada la expulsión misma de la Iglesia. El que actúa contra su conciencia peca».

Visiones opuestas sobre el sexo

Para las religiones occidentales casi toda la actividad sexual, fuera de los dogmas establecidos por ellas, son pecado. El sexo es sin duda la asignatura pendiente del cristianismo, islamismo y judaísmo. Para las filosofías orientales el sexo llega a convertirse en rito, en un camino para alcanzar la divinidad o, como mínimo, la Kundalini, ese estado superior o modificado de conciencia como destacaría la psicología transpersonal. El concepto del pecado dentro del sexo ha llegado a ser tan fuerte en las religiones monoteístas de occidente que ha traumatizado a millones de fieles y los ha perturbado psicológicamente.

«Las personas religiosas tienen más perversiones sexuales que nadie, porque las demás no se reprimen.»

Osho

El pecado es una de las invenciones de las religiones monoteístas, y entre los pecados uno de los más instrumentalizados es el pecado sexual. El pecado sexual se ha convertido en un instrumento para utilizar a la gente, algo que difiere profundamente con las creencias espirituales de oriente donde el sexo es algo particular de cada uno, y en muchos casos, como ya hemos destacado, una vía de crecimiento hacia estados superiores.

Dentro de las religiones monoteístas el sexo como pecado tiene como responsable a la mujer. En el cristianismo, judaísmo y mahometismo la mujer es secundaria, es la gran pecadora ya que engañó a Adán en el Paraíso. En las tradiciones espirituales de Oriente la mujer no arrastra ningún pecado y se equipara, en la mayor parte de las veces al hombre, es más, deja de ser un objeto de placer como es para el hombre occidental, para ser reconocida como sujeto.

Mientras que en Occidente el cuerpo desnudo del hombre y la mujer, o las imágenes eróticas son vergonzosos, en oriente forman parte del ritual del amor, son una vía espiritual. Como destaca Osho, uno de los factores destacables del sexo está en no reprimirse, en verlo como algo normal, en no interpretarlo como algo pecaminoso, ni sentirse culpable por nada tras haberlo practicado. Cualquier culpabilidad será traumática y se convertirá en un bloqueo interior difícil de superar.

«La religión margina a la mujer frente al hombre, la aparta del desarrollo cognitivo.»

**Rita Levi–Montalcini,
neuróloga y Premio Nobel en 1986**

Convertir el sexo en pecado es marginar a uno de los componentes de la pareja, y desgraciadamente, para las religiones occidentales, siempre es la mujer la que lleva la peor parte. Ella es la que el sacerdote cristiano o judío considera como instigadora, ella es la que en el peor de lo casos termina, en pleno siglo XX y XXI, siendo lapidada en el mundo musulmán o con suerte recibiendo un castigo público de decenas de latigazos.

Por otra parte el placer sexual es término de libertad, y para las religiones monoteístas la libertad siempre ha sido un pecado.

La diferencia entre creencias orientales y religiones monoteístas está en la concepción que unas y otras tienen del sexo. Para las primeras es un acto pecaminoso si no está regulado por el matrimonio y practicado para la concepción; para las segundas es un acto espiritual que entra en la concepción de lo sagrado. María Caterine Jacobelli, autora del libro *El risus paschalis y el fundamento teológico del plac*er, destaca: «El problema de fondo es este: ¿Es posible que el hombre, en su realidad concreta total, y, por tanto, en su sexualidad, en su deseo, en su placer, sea imagen de un Dios trascendente?, si esto fuera verdad, habríamos encontrado el por qué de la presencia del placer sexual en la esfera de lo sagrado».

Epílogo

Después de este recorrido por el mensaje de Osho y otros maestros espirituales, da la impresión que se insiste reiteradamente en las mismas palabras, en el mismo mensaje, en los mismos conceptos que ya se han expuesto miles de veces en cientos de libros. Sin embargo, este es el mensaje espiritual que nos han legado Osho y otros maestros espirituales que mencionamos en esta obra. Evidentemente no se trata de un mensaje esotérico, no hay nada oculto, ningún concepto mágico, nada arcano por descifrar; se trata de algo sencillo que deberíamos practicar para vivir la verdadera realidad de nuestra existencia.

Pese a la insistencia de este mensaje, que reiteran los maestros espirituales de todos los tiempos y más recientemente Osho, seguimos viviendo sin conocernos a nosotros mismos; practicando todo tipo de violencia y odio hacia los demás; actuando como máquinas gurdfjilianas; fustigándonos con recuerdos de nuestro pasado y frustrándonos con ilusiones de un futuro que no se cumple tal como deseamos; seguimos sin darnos cuenta que vivimos un eterno presente y que lo más importante es el aquí y ahora. En resumen, somos víctimas del sufrimiento, un sufrimiento que nosotros mismos nos creamos al odiar, envidiar y no saber amar.

¿Qué esperábamos? ¿Qué el mensaje de Osho nos ofreciese una fórmula esotérica que nos hiciera evolucionar del día a la noche? ¿Qué mencionando un «abracadabra» se iluminasen las luces de nuestro condicionado cerebro? ¿Qué sin ningún tipo de esfuerzo alcanzásemos la iluminación y la sabiduría? ¿Es que no nos están advirtiendo que el esfuerzo lo debemos hacer nosotros?

El mensaje de los maestros espirituales no es magia, no es un arcano que tenemos que descifrar, no hay lugar para lo sobrenatural, no es un esoterismo profundo, es, simplemente, psicología espiritual o transpersonal. Es algo que podemos desarrollar todos.

Leemos y releemos estos textos espirituales como si estuviéramos repitiendo el rezo de un rosario en voz alta. Hacemos acopio de datos sin tratar de perfeccionarnos a nosotros mismos. La experiencia interna no puede ser transmitida por medio de la repetición, somos nosotros los que debemos realizar el esfuerzo y buscar en nuestro interior. Sin embargo, preferimos elogiar las palabras de los maestros espirituales sin aplicarlas a nuestro ser profundo que, sigue siendo, un territorio oscuro e inexplorado.

Tanto Osho como los maestros espirituales mencionados no nos ofrecen un culto, ni una religión. Nos abren las puertas a una filosofía práctica basada en técnicas ensayadas, conocimientos probados, prácticas de meditación que nos abren a otras realidades. Sin embargo, todo eso sigue siendo pesado y tedioso. Es más fácil distraer la mente con miles de trampas que nos ofrece el sistema con el fin de que no pensemos demasiado, no busquemos otras posibilidades de vida, continuemos trabajando como máquinas y acatando la falsa realidad que nos ofrecen en una bandeja sutilmente envenenada.

La vida nos ofrece información, los maestros espirituales ofrecen conocimiento con el fin de trascender las limitaciones ordinarias. Su propósito es ayudar a buscar la verdad dentro del ser y recibir iluminación sobre la realidad. Su función es guiar al buscador por un camino de disciplina hasta llegar al punto de ser capaz de sentarse en contemplación absoluta sin contemplar nada. Se trata de llegar a la cima de nuestro ser superando las barreras de nuestra mente y adquirir la conciencia de ser.

Lamentablemente corremos de un lado para otro buscando, vamos de un maestro a otro, de una escuela a otra, esperando que, sin ningún esfuerzo encontremos la iluminación. No advertimos que en el mensaje de los maestros espirituales se nos dice que la verdad no la encontraremos fuera, sino dentro, en nosotros mismos. Pero eso requiere esfuerzo. En Lonesome Valley, leemos: «Tienes que caminar por ese valle solitario. Tienes que caminar a solas. Nadie puede hacerlo por ti. Tienes que caminar tú mismo». Y Louis Pauwels[15] destaca: «Se trata de vivir la experiencia pura en la vida corriente, en nuestro mundo, donde estemos, en el asfalto, en el Metro, en el trabajo, en casa. El templo está en todas partes[…]. Hay escuelas, pero no son más que estaciones de tránsito. Hay maestros, pero no son más que indicadores. De nuestra habilidad depende trazar el itinerario».

[15] Autor junto a Jacques Bergier de *El retorno de los brujos.*

Anexo

Biografía de los maestros espirituales citados

Osho

Nace el 11 de diciembre de 1931 en Kuchwada, India central. Inicialmente fue conocido como Bhagwan Shree Rajneesh, hasta que utilizó el nombre de Osho, término japonés utilizado en el budismo Zen que significa monje budista. Sus padres practicaban la religión jainista, sin embargo, al ser criado por sus abuelos maternos tuvo otra clase de influencias espirituales. Sus años universitarios fueron marcados por su gran participación en todos los debates entre estudiantes, lo que representó ganar la medalla de oro de Campeón de Debates. En 1956 consiguió el master en filosofía en la Universidad de Sagar.

Estuvo impartiendo filosofía durante nueve años en la Universidad de Jabalpur, siendo considerado como uno de sus mejores profesores. Tras este periodo en Jabalpur se dedicó a viajar por la India dando conferencias sobre cada uno de los aspectos del desarrollo de la conciencia humana.

En 1968 se estableció en Bombay. Dos años más tarde creó la «Meditación Dinámica», una técnica que ayuda a detener la mente. También ideó otras meditaciones con música y danza: Kundalini, Nataraj (de origen sufí), Nadhabrama.

El 21 de marzo de 1974 fundó el Ashram[16] de Poona, a la que acudían miles de occidentales para practicar sus técnicas de meditación. En 1980 había reunido 250.000 discípulos en todo el mundo. Fue también a partir de esta fe-

---

[16] Un Ashram es un lugar consagrado en la India donde los discípulos viven en comunidad bajo la dirección de un gurú. Fueron célebres el de Ramakrishna, cerca de Calcuta; la Satyagrahasram de Gandhi en Sabarmati, cerca de Ahmadabad; la de Sri Aurobindo Pondicherry; la de Ramana Mahrshi en Tiruvahnamali; y la de Shivananda en Rishikesh.

cha cuando comenzó a sufrir ataques y críticas a sus enseñanzas por parte de religiones de Oriente y Occidente.

En 1981 su salud empeoró y lo trasladaron a Estados Unidos con el fin de operarlo de su columna vertebral. En Oregón le regalaron tierras y sus seguidores crearon una ciudad, Rajneeshpuram, de 500 habitantes pero capacitada para recibir 20.000 visitas.

Ronald Reagan se opuso a su presencia y sus enseñanzas, ya que rompían la línea conservadora y racional de su partido. Pero Osho continuó dando conferencias.

En 1985 su secretaria privada intentó envenenar a su médico, y se escapó llevándose 40 millones de dólares. La investigación federal culminó con una acusación contra Osho de infringir las leyes federales de inmigración, como consecuencia fue encarcelado.

Sus abogados lograron excarcelarlo tras pagar una fianza de 40.000 dólares, pero fue expulsado de Estados Unidos. El gobierno americano presionó a otros países para evitar que lo acogieran, lo que originó un peregrinaje por 21 naciones en las que, en algunos casos, no pasó del aeropuerto.

Regresó a Poona en 1987. Allí creo en 1988 una nueva técnica meditativa bautizada con el nombre de «la Rosa Mística». Murió a los 58 años el 19 de enero de 1990. Sus cenizas se guardan en su tumba con un epitafio, escrito por él mismo, que dice: «Osho nunca nació, nunca murió, solamente visitó el planeta Tierra entre el 11 de diciembre de 1931 y el 19 de enero de 1990».

Sri Aurobindo Ghose

Nace en Calcuta en 1872, es el tercer hijo de un médico bengalí seguidor de la cultura inglesa. En 1879 fue enviado a Manchester donde inició sus estudios. En 1885 entró en la St. Paul´s School de Londres, donde estudio diversas lenguas europeas, incluido el latín y el griego. De Londres pasó al King´s College de Cambrigde en 1889, donde empezaron a surgir sus sentimientos anticolonialistas. En 1893 entró al servicio del Maharajah de Baroda en la India. Empezó a colaborar en la revista nacionalista *Induprakash*, que se oponía al colonialismo inglés. Al mismo tiempo estudió la tradición sánscrita y bengalí. Militó en organizaciones secretas que luchaban por la independencia. En 1906 inicia una serie de giras políticas por Bengala, al mismo tiempo que dirigía el periódico nacionalista *Bande Mataram*. Fue a partir de este momento que empezó a ser objeto de persecución por parte de la administración inglesa de la India.

Pasó a militar en grupos extremistas como el Nacional Indian Congreso, pero fue detenido acusado de acciones terroristas que miembros de su facción habían cometido. Pasó un año en prisión (1908-1909) encarcelado con presos comunes, una experiencia que superó con la meditación y su creciente espiritualidad. Al salir de la cárcel continuó sus actividades y tuvo que pasar a la clandestinidad en Chandernagor, fijando, finalmente su residencia en Pondichéry donde fundó su Ashram.

Más guiado por el espiritualismo que por la política, fundó la revista *Arya*. Empezó a escribir y sus obras fueron traducidas a varios idiomas, especialmente por madame Richard, con quién creó el Asram Sri Aurobindo, donde ella fue conocida como «Madre». La comunidad espiritual de Sri Aurobindo buscó una síntesis entre ciencia y espiritualidad, siguiendo una vida sana. Murió en 1950 y fue inhumado en su Asram.

Krishnamurti

Nace en Madanapalla (Madrás) en 1895. Destacó desde muy joven por su profunda sabiduría y serenidad. A los 13 años lo tomó bajo su protección la Sociedad Teosófica, Orden de la Estrella del Este, que veía en él al nuevo Jesucristo o el vehículo para convertirse en instructor del mundo, un advenimiento que la Sociedad Teosófica venía proclamando hacia tiempo.

Krishnamurti resulto ser un gran maestro de profunda filosofía, siendo sus escritos de gran sabiduría y carentes de cualquier conexión con ninguna religión. Él se consideraba un ser entregado a todo el mundo para transmitir su sabiduría. Sin embargo, la Sociedad Teosófica insistía en darle una imagen mesiánica, por lo que en 1929 se retira de esta sociedad y ordena disolverla. Krishnamurti consideraba que no se precisaba ninguna organización para autorealizarse interiormente, ya que el camino para la libertad y la iluminación está en la auto-observación.

El resto de su vida continuó impartiendo conferencias y escribiendo, y rechazando cualquier condición de gurú. También se negó a construir ningún grupo a su alrededor y tener discípulos. Consiguió escribir más de 60 libros que contienen sus pláticas, diálogos y conferencias. Krishanmurti cree que la situación de la humanidad solo podrá cambiar por la evolución de cada individuo, por ello remite a cada uno a sí mismo, como buscadores que parten del «no saber». Su meta es acceder al autoconocimiento.

Muere en California en 1986.

Ramakrishna

Nace el 18 de febrero de 1836 en Kamarpukur, Bengala. A los seis años tuvo su primera revelación mística que lo transportó a una inmanencia de gran belleza con la naturaleza. A los siete años tuvo su segunda revelación y en la que vio la muerte de su padre. A los 16 años se va a Calcuta con sus hermanos. Fue sacerdote del templo de Kali en Dakshineswar. Tiene una visión que le inspira a buscar a Dios a través del hinduismo, el cristianismo y el Islam. Alrededor de él se agrupan cientos de discípulos a los que imparte conferencias al mismo tiempo que escribe numerosos libros y artículos. Finalmente, enfermo se traslada a Cossipore donde muere el 16 de agosto de 1886. Su tumba es venerada por sus seguidores que vienen de todas las partes del mundo.

Gopi Krishna

Es oriundo de Cachemira y en 1937 experimentó, por primera vez la experiencia Kundalini, con tal intensidad que estuvo a punto de perder la vida. En 1976 publicó la obra cumbre *Kundalini, el yoga de la energía* que se ha convertido en un clásico y un manual de gran actualidad. Gopi Krishna ha creado la Fundación Kundalini en Jammu, desde la que se investiga en esta experiencia y se difunden los conocimientos adquiridos. La Kundalini se representa como una serpiente que se halla enroscada en la base de la columna vertebral, su energía se libera por la vía natural o mediante técnicas de yoga. Su ascensión hasta el cerebro produce una experiencia de iluminación.

Bibliografía

Almendro, Manuel. *Psicología y psicoterapia transpersonal*. Editorial Kairós. 1994. Barcelona.

Assagioli, Roberto. *Ser Transpersonal*. Gaia Ediciones. 1993. Madrid.

Blaschke, Jorge. *El cuarto camino de Gurdjieff*. Ediciones Contraste. 1995. Madrid.

Blaschke, Jorge. *Vademécum de la meditación*. Ediciones de la Tempestad. 1996. Barcelona.

Blaschke, Jorge. *Más allá de lo que tú sabes*. Robinbook. 2008. Barcelona.

Blaschke, Jorge. *Somos energía*. Robinbook. 2009. Barcelona.

Blaschke, Jorge. *Más allá del Ahora*. Robinbook. 2009. Barcelona.

Cleary, Thomas. *Observando la mente*. Editorial Sirio. 1996. Málaga.

Deshimaru, Taisen. *Za-Zen. La práctica del Zen*. Editorial Cedel. 1976. Gerona.

Deshimaru, T. y Ikeme, Y. *Zen y autocontrol*. Editorial Kairós. 1990. Barcelona.

Desjardins, Arnaud. *La meditación*. Editorial Kairós. 1990. Barcelona.

Ferguson, Marilyn. *La conspiración de Acuario*. Editorial Kairós. 1985. Barcelona.

Goldstein, Joseph. *La experiencia del conocimiento intuitivo*. Ediciones Dharma. 1995. Alicante.

Goleman, Daniel. *Los caminos de la meditación*. Editorial Kairós. 1986. Barcelona.

Goleman, Daniel. *Inteligencia Emociona*. Editorial Kairós. 1996. Barcelona.

Graf Dürckheim, Karlfried. *El maestro interior*. Ediciones Mensajero. 1992. Bilbao.

Grof, Stanislav y Christina. *La tormentosa búsqueda del ser*. Los Libros de la Liebre de Marzo. 1995. Barcelona.

Ornstein. Robert. *Psicología de la conciencia*. Edaf. 1993. Madrid.

Suzuki, D. T. y Fromm, E. *Budismo Zen y psicoanálisis*. Fondo Cultural Económico. 1964. México.

Tart, Charles. *Psicología Transpersonal*. Editorial Paidós. 1994. Barcelona.

Thich Naht Hanh. *Cómo lograr el milagro de vivir despierto*. CEDEL. 1981. Barcelona.

Thich Naht Hanh. *Hacia la paz interior*. Plaza & Janés. 1992. Barcelona.

Wilber, Ken. *El proyecto Atman*. Editorial Kairós. 1988. Barcelona.

Los libros de Osho

No te cruces en tu camino. Editorial Debolsillo (RHM). 2009. Barcelona.
En este libro, Osho nos ayuda a ver que nuestra propia mente es la que interfiere en los problemas que ella misma crea, ya sea en temas de sexo o de inestabilidad emocional, entre otros. Osho nos muestra cómo evitar cruzarnos en nuestro camino y a conectar con el silencio para llegar a nosotros mismos.

Alegría. Editorial Grijalbo. 2006. Barcelona.
Como en las otras obras de Osho *Alegría* nos pone en sintonia con nosotros mismos. A través de la alegría comprendemos nuestro valor en el Universo. Aceptar la alegría como esencia espiritual de la vida es fluir con el río de la vida dando gracias de vivirla y ser conscientes de ello.

El libro del ego. Editorial Debolsillo (RHM). 2007. Barcelona.
El ego, esa falsa identidad que adoptamos en nuestro proceso de socialización, nos oculta nuestra verdadera conciencia y se alimenta de las ambiciones accesorias que recogemos a lo largo de la vida. El maestro nos aconseja desprendernos de tal envoltorio para llegar a la felicidad y esquivar el fracaso.

Inteligencia. Editorial Grijalbo. 2006. Barcelona.
En este libro Osho nos muestra su visión del significado de inteligencia en contraposición a intelectualidad y nos propone el camino para vivir de forma inteligente y tener las cualidades adecuadas para adaptarnos a las exigencias de la vida sin miedos, destacando la diferencia entre los dos conceptos.

El libro del sexo. Editorial Debolsillo (RHM). 2007. Barcelona.
La visión de Osho sobre el sexo, verdadera puerta hacia el autoconocimiento, es crítica respecto a lo que dictan muchas religiones e incluso la moral dominante, que la calificarían de pecaminosa. Pero precisamente una alta calidad espiritual en sus reflexiones, es lo que nos atrae de su pensamiento.

El sendero del Zen. Editorial Kairós. 2003. Barcelona.
En *El sendero del Zen*, Osho habla del Zen como el camino que nos ayudará a deshacernos del «saber» acumulado a lo largo de los años, y a soltar las tensiones físicas, mentales y emocionales. Para él incluso puede ser el puente de reconciliación entre Oriente y Occidente, entre ciencia y religión.

Más allá de El Secreto
Brenda Barnaby

Descubre en esta obra los consejos y métodos de superación personal elaborados por expertos en pensamiento positivo. Un *best seller* que desvela las claves del aclamado mensaje de Rhonda Byrne en *El Secreto* para que todo el mundo pueda mejorar su vida gracias a un adecuado conocimiento de sus auténticas posibilidades de éxito y poder mental.

Más allá de la Ley de la Atracción
Brenda Barnaby

En este libro encontrarás la forma de aplicar el poder de la Ley de la Atracción para obtener lo que ambicionas. No se trata de magia ni de esoterismo, sino de la aplicación de ciertas normas científicas que rigen el Universo. Tampoco necesitarás hacer ningún gran esfuerzo para alcanzar la prosperidad y el bienestar que siempre has deseado. Sólo tienes que leer detenidamente cada capítulo, aceptar sus contenidos y seguir sus consejos. La Ley de la Atracción te dará entonces todo lo que le pidas.

Más allá del Ahora
Jorge Blaschke

Los problemas, el miedo, el estrés, todo lo malo puede desaparecer, al menos, durante un instante. ¿Qué pasaría si pudiéramos atrapar ese relámpago del tiempo, y conservar para siempre su esencia? Una nueva existencia se abriría ante nosotros, en la que el pasado y el futuro no existirían, en la que nuestros egos y sus conflictos no tendrían sentido, en la que despertaríamos a una nueva conciencia.